FIRMIN RAILLON

Vers les temps nouveaux

PAR L'ÉDUCATION INTÉGRALE

ET

PAR LA FEMME

C'est dans le problème de l'éducation que
gît le grand secret du perfectionnement de
l'humanité.   KANT.

J'ai toujours pensé qu'on réformerait le
genre humain si on réformait l'éducation de
la femme.   LEIBNIZ.

PARIS

LIBRAIRIE LEON VANIER, ÉDITEUR

A. MESSEIN, Succr

19, QUAI SAINT-MICHEL, 19

—

1907

VERS LES TEMPS NOUVEAUX

PAR L'ÉDUCATION INTÉGRALE

ET

PAR LA FEMME

DU MÊME AUTEUR

Doit paraître prochainement :

De la mise en valeur de soi-même par soi-même. (Étude économique et sociale).

L'Echo des valeurs personnelles. (Étude pratique d'Économie sociale).

SAINT-AMAND, CHER. — IMPRIMERIE BUSSIÈRE

FIRMIN RAILLON

Vers les temps nouveaux

PAR L'ÉDUCATION INTÉGRALE

ET

PAR LA FEMME

> C'est dans le problème de l'éducation que gît le grand secret du perfectionnement de l'humanité.   KANT.
>
> J'ai toujours pensé qu'on réformerait le genre humain si on réformait l'éducation de la femme.   LEIBNITZ.

PARIS

LIBRAIRIE LÉON VANIER, ÉDITEUR

A. MESSEIN, Succr

19, QUAI SAINT-MICHEL, 19

1907

A ÉLÉONIE

Ma camarade d'enfance, ma mère.

F. R.

PRÉFACE

Si l'on cherche vainement la valeur de cet écrit, on trouvera, du moins, que son accent est d'une conviction sincère.

F. RAILLON.

Paris, le 15 septembre 1906.

LIVRE I

VERS L'ÉDUCATION INTÉGRALE.
LA PUISSANCE MORALE ET SOCIALE DE LA FEMME.
DE L'AUGMENTATION DU POUVOIR MORAL ET
SOCIAL DE LA FEMME.

I

MOT PRÉLIMINAIRE

VERS LES TEMPS NOUVEAUX

CHAPITRE PREMIER

Introduction.

Pour faire des modifications dans les mœurs na--
tionales, on a dû, quelquefois, contempler pendant des
siècles les projets qui en exprimaient les réformes. A
l'heure présente, seuil des temps nouveaux, où la
question d'éducation sociale devient familière, il n'est
pas hors de propos d'envisager l'éducation intégrale,
surtout dans les pays démocratiques où tout ce qui
intéresse le bien-être général est constamment à
l'ordre du jour. *Une donnée plutôt qu'une étude sur*

*l'éducation intégrale, et une simple indication sur la
puissante action éducative et sociale de la femme*
peuvent donc être de quelque utilité ; et, d'une utilité
même plus grande, pour l'avenir, que la plupart des
livres ou rapports ayant trait à l'art d'éduquer.

CHAPITRE II

De l'Instruction et de l'Education.

L'Instruction ne vaut que par l'Education ; elle prend la grâce que lui donne l'Education comme « les liquides prennent la forme des vases qui les contiennent ».

Et, au point de vue de la raison, l'Education ne vaut que par son caractère de vérité universelle. Ce sont les divers modes d'éducation, tous plus ou moins basés sur des principes émanant des différents intérêts particuliers, qui opposent, entre eux, même les hommes d'une égale instruction. L'examen de ces principes les

montre aussi contraires que le sont entre eux les intérêts d'où ils découlent. De sorte que, mieux les
hommes sont élevés selon ces principes particuliers,
plus ils sont, comme ces principes, opposés entre eux.
Comme l'intérêt, l'Education unit ou divise les
hommes ; la source de leur union et la source de leur
désaccord se trouvent dans l'Education.

Dans une société équitable, le degré de l'utilité sociale de l'homme instruit doit donc se mesurer d'après
le plus ou moins de « vérité universelle » que repré-
sente son éducation. Et, quand son instruction est
étendue alors que son éducation est nulle ou contraire
à la raison, il est, dans l'ordre social, d'un aussi grand
danger u'un explosif entre les mains d'un enfant.

CHAPITRE III

Du développement de l'Education.

La lutte pour la vie et les différentes formations sociales durent sans cesse développer l'éducation rudimentaire que les premiers couples humains eurent à donner à leurs enfants.

A la naissance des nations, lorsque les individus eurent à se conformer à des conventions plus générales que celles établies par la famille, par le clan ou par la tribu, l'éducation devint aussi plus générale. Plus les peuples éprouvèrent le besoin de perfectionner le mécanisme de leur vie nationale, plus ils du-

rent s'efforcer d'éduquer les individus ; leur rivalité,
d'ailleurs, les poussa, et souvent même les contraignit,
à vouloir donner à tout homme une grande valeur
personnelle. Les peuples supérieurs s'attachèrent à
l'éducation. On sait à quelle supériorité les Grecs ar-
rivèrent dans la culture de l'homme : aussi, chez eux,
au temps de leur splendeur, on trouve à un tel degré
de perfection la vigueur physique, la vigueur morale
et la vigueur intellectuelle dans un seul individu, que
celui-ci semble être l'expression concrète d'une *humaine Trinité*.

Dans un admirable rapport (1) sur l'éducation, une

---

(1) Voici le préambule de ce rapport qui fut présenté à la
Convention nationale :

« Offrir à tous les individus de l'espèce humaine les moyens
de pourvoir à leurs besoins, d'assurer leur bien-être et d'exercer
leurs droits, d'entendre et de remplir leurs devoirs.

« Assurer à chacun d'eux la facilité de perfectionner son industrie et de se rendre capable des fonctions sociales auxquelles
il a droit d'être appelé, de développer toute l'étendue des talents
qu'il a reçus de la nature, et par là établir entre les citoyens une
égalité de fait et de rendre réelle l'égalité politique reconnue par
la loi.

« Tel doit être le premier but d'une éducation nationale ; et

des notables individualités de la Convention nationale, Condorcet, s'inspirant de l'équité et des besoins de la vie sociale, traça les grandes lignes de l'élévation de l'homme. Depuis, on n'a cessé d'aspirer activement au développement intégral de l'humanité, et le besoin d'éduquer est alors devenu plus général, plus pressant. Ce besoin, si essentiellement social, s'est affirmé par l'organisation générale de l'Enseignement, par le développement de la Presse (éducation de l'opinion publique), par la diffusion des œuvres d'art (éducation du goût populaire) ; puis, par ces milliers de sociétés de se-

---

sous ce point de vue, elle est, pour la puissance publique, un devoir de justice.

« Diriger l'Enseignement de manière que la perfection des arts augmente les jouissances de la généralité des citoyens et l'aisance de ceux qui les cultivent ; qu'un plus grand nombre d'hommes devienne capable de remplir les fonctions nécessaires à la société et que les progrès toujours croissants des lumières ouvrent une source inépuisable de remèdes dans nos maux, de moyens de bonheur individuel et de prospérité commune.

« Cultiver enfin dans chaque génération les facultés physiques, intellectuelles et morales, et par là contribuer au perfectionnement général et graduel de l'espèce humaine, dernier but vers lequel toute institution sociale doit être dirigée.

« Tel doit être encore l'objet de l'instruction et c'est pour la puissance publique un devoir imposé par l'intérêt commun de la société, par celui de l'Humanité tout entière. »

cours mutuels (éducation de la solidarité), par ces syndicats de travailleurs (éducation ouvrière de l'effort et de l'indépendance), par ces innombrables œuvres d'assistance publique ou privée (éducation de la bonté et de l'équité), par cette foule d'œuvres post-scolaires et par cette création récente de l'ouvrier et de l'intellectuel, *les Universités populaires* (éducation complémentaire du peuple), et, enfin, par ces grandioses manifestations internationales de fraternité, faites de peuple à peuple, qui préludent à l'éducation de la paix universelle. Aussi, se sent-on actuellement entraîné vers une éducation sociale telle que les rapports d'individu à individu, de nation à nation ne peuvent que s'améliorer et devenir agréables et plus fraternels.

Alors, de même qu'autrefois en vue de la lutte corps à corps on s'attachait à faire atteindre à l'homme son maximum de développement physique, de même aujourd'hui en vue de la sociale activité harmonique du cœur à cœur, dans la petite comme dans la grande famille humaine, le monde entier éprouve le besoin d'élever tous les hommes à leur plus haut degré de dignité et de perfection générale.

CHAPITRE IV

La question d'éducation sociale est à l'ordre du jour. — Quelques résolutions adoptées, en 1900, au Congrès international de l'Éducation et au Congrès international des femmes.

A notre époque, où les nations entre elles, comme les individus entre eux, abordent les questions les plus complexes de la vie sociale, « l'éducation sociale est à l'ordre du jour ». En font foi : les débats auxquels cette question a donné lieu en 1900, à Paris, dans divers Congrès ; plusieurs autres discussions semblables, entre autres la conférence du 21 mai 1901, présidée par M. Gréard, vice-recteur de l'Université de Paris ;

les publications de plusieurs écrivains (1) ; de nombreuses œuvres post-scolaires ; les Universités populaires ; et, enfin, la vaste *Enquête parlementaire sur l'Enseignement secondaire*.

Il devient à propos de rappeler la question dans ce qu'elle a de plus universel. Voici donc, à titre de document, quelques-unes des résolutions adoptées par *le Congrès international de l'Education sociale et, aussi, par le Congrès international des femmes*.

Résolution de M. Bizeray: « Le Congrès émet le vœu que l'éducation sociale fasse partie des programmes et des examens à tous les degrés. »

Résolution de M. Darlu : « Que dans la préparation pro-

---

(1) Nous rappelons les ouvrages de M. Edmond Demolins : *A quoi tient la supériorité de la race anglo-saxonne. — L'Education nouvelle* ; de M. Hugues le Roux : *Que ferons-nous de nos fils ? — Que ferons-nous de nos filles ?* ; de M. le Dr de Fleury : *Le corps et l'âme de l'enfant* ; de M. Hanotaux : *Du choix d'une carrière* ; de Mgr Spalding : *De l'Education supérieure des femmes* ; M. Payot : *L'Education de la volonté* ; de M. Daubresse : *L'émancipation de l'enfant* ; et de M. Laisant, ses conférences et son ouvrage : *L'éducation fondée sur la science*.

fessionnelle des maîtres de l'enseignement secondaire, une part importante soit faite aux questions d'éducation sociale. Que dans les lycées et collèges l'Enseignement moral prenne d'une manière très marquée le caractère d'un enseignement de morale sociale. »

Résolution de MM. Petit, Payot, Durckheim : « Que les enfants et les adolescents soient de plus en plus préparés par les municipalités, les associations, etc..., à la pratique de la solidarité. Que les associations d'anciens élèves deviennent des centres d'action éducatrice et soient de plus en plus dirigés vers l'action sociale et vers la pratique de la solidarité. »

Vœux exprimés au Congrès international des femmes :

« Que l'éducation soit intégrale, c'est-à-dire qu'elle cultive chez tous et toutes les manifestations de l'activité humaine ;

» Que dans toutes les écoles publiques ou privées, fréquentées par l'adolescence, à l'enseignement spécial et professionnel soit associé un enseignement général *donné à tous et commun aux deux sexes*, ayant pour triple objet :

» 1° D'assurer à chacun cette condition essentielle de la vraie liberté qui consiste à y voir clair en soi-même comme autour de soi ;

» 2° De convertir par le lien intellectuel à la cohésion morale des nouvelles générations ;

» 3° De préparer dans le monde de la pensée la victoire définitive du bon sens et de la science, ou, en un seul mot, de la raison. »

Ces congrès n'auraient-ils aucune valeur pratique qu'ils indiquent, quand même, le souci des desiderata de l'éducation sociale. Tout acte social, quelque isolé ou quelque insignifiant qu'il apparaisse, n'est souvent qu'un des anneaux d'une longue chaîne de phénomènes sociaux de même ordre ; il se pourrait donc que ces assises internationales soient les préludes de faits sociaux à la fois capables de révolutionner l'éducation et de produire aussi une révolution sociale pacifique par l'éducation.

CHAPITRE V

L'Education sociale et l'*Education intégrale*.

Il va sans dire qu'en donnant l'éducation dans nos écoles, on se propose toujours un but éminemment social. Que l'éducation générale actuelle atteigne plus ou moins ce but, on ne saurait peut-être en la qualifiant d'*Education sociale* mieux la dénommer pour la distinguer de l'éducation individuelle ou de l'éducation familiale. Cependant on lui a assigné un autre sens quand on s'est plu à désigner sous cette même appellation un enseignement nouveau. Et ceux qui ont vu dans cette éducation nouvelle l'éducation sociale telle qu'elle devrait être selon la science et l'équité l'ont dénommée *Éducation intégrale* (1). De sorte que l'éducation intégrale n'est autre que « l'éducation véritable », l'éducation conçue sans égards ni au classement social actuel, ni aux erreurs ´ aux préjugés qui en sont la conséquence. Alors, la définition exacte de l'éducation définirait aussi l'éducation intégrale : qu'est-ce donc que l'Education ?

— C'est « l'élévation de l'homme ». C'est le procédé par lequel il doit être développé et façonné physiquement, moralement et intellectuellement, de manière à le rendre libre, digne, utile, agréable, et à lui donner, selon la nature de son individualité, toute la vigueur et l'unité possible en vue de le doter de valeurs personnelles telles que, dans son rayonnement social,

---

(1) Voici, à titre de document, une définition de l'éducation intégrale :

« Ce système de culture qui mettrait en œuvre et développerait toutes les facultés de l'individu. Il va sans dire que cela ne signifie pas une culture complète, mais une culture générale permettant de reconnaître lesquelles des aptitudes de chacun méritent les soins d'un développement spécial. » (Mlle Harlor. — Congrès international des femmes, 1900.)

elles puissent lui permettre de se suffire, pour ainsi dire, à lui-même et par lui-même.

L'éducation véritable doit donc être expérimentale, en ce sens que toute connaissance ou toute habitude ne soit point d'abord imposée mais proposée à l'individu, qui ne doit se l'assimiler ou la rejeter que par voie d'expérimentation essentiellement personnelle.

Son but est surtout d'éveiller et de développer les aptitudes particulières de chaque homme, en vue d'établir un équilibre aussi parfait que possible, d'abord entre ses forces physiques, morales et intellectuelles (équilibre individuel) ; ensuite, entre la totalité de ses forces et les autres forces individuelles ou les institutions sociales (équilibre social). Elle achemine donc l'homme vers l'harmonie individuelle et vers l'harmonie sociale, c'est-à-dire, aussi, vers l'accord entre l'intérêt particulier et l'intérêt général : c'est l'idéal qu'elle poursuivra toujours, car toujours elle aura à perfectionner cette harmonie, à rectifier cet accord.

De cet équilibre, ou harmonie de ces trois forces qui accordent, d'abord l'individu avec lui-même et, ensuite, avec la société, dépend *la morale sociale*, comme aussi la plus grande et la plus belle activité organisée de l'homme.

CHAPITRE VI

Mais pourquoi l'Education intégrale?

Se peut-il qu'après ce « mot préliminaire », on vienne à se demander : Mais pourquoi l'Education intégrale?

II

DU PROBLÈME DE L'ÉDUCATION INTÉGRALE

2

CHAPITRE PREMIER

Du principe de l'égalité dans l'éducation intégrale. — Des conséquences de l'inégalité naturelle des hommes. — Comment
il faut entendre l'égalité.

En élevant tous les hommes, l'éducation intégrale,
tel un rayon actif de l'amour universel, tend à les éga-
liser, sinon dans leur situation sociale, du moins dans
leur situation morale. Il importe donc de ne point se
méprendre sur cette égalisation.

Si par leur naissance, ils étaient tous égaux, ils ne
sauraient éprouver si impérieusement le besoin de demander à l'art d'éduquer de les rendre plus utiles
entre eux, puisque tous auraient la même utilité, le

même charme et devraient travailler pour satisfaire à leurs mêmes besoins. Seule, l'organisation du travail pourrait nécessiter quelque éducation. De sorte que, si la monotonie d'une telle société posait le problème de l'éducation générale, la mission de celle-ci serait de rechercher les moyens éducatifs propres à rendre tous les individus inégaux et de développer l'inégalité, qui, alors, serait communément envisagée comme une des conditions essentielles du progrès.

Mais les hommes, quelque exactement semblables qu'ils puissent quelquefois paraître, sont tous inégaux. Aussi, afin que leur inégalité même contribue au développement de leur prospérité, ils doivent recourir à l'éducation pour en polir les rudesses, pour en prévenir les conflits et, enfin, pour faciliter les combinaisons si multiples des forces si inégales qu'ils représentent. Ce besoin d'atténuer dans leur inégalité naturelle les conséquences qui leur sont préjudiciables prédomine surtout dans les pays démocratiques, où l'on note *une forte tendance à une moindre inégalité des conditions* (1). C'est ce besoin d'égalité équitable qui a

---

(1) Paul Leroy-Beaulieu, *Essai sur la Répartition des richesses et la Tendance à une moindre inégalité des conditions.*

peut-être provoqué la recherche de moyens à l'aide
desquels on pût mieux traiter tous les hommes, et qui,
ensuite, a conduit à des investigations propres à concourir à la formation de la science sociale et au développement de la Politique, cette grande ouvrière de
l'organisation de la vie des peuples, dont le but véritable est de travailler sans cesse, non pas à rendre les
hommes absolument égaux mais à harmoniser leurs
forces.

Puisque dans la vie sociale l'inégalité individuelle
fait éprouver le besoin d'égalité en avantages et que
cette égalité devient l'une des *personnes* d'une *trinité
politique,* on se demande comment il faut entendre
l'égalité.

Assurément, elle ne saurait impliquer le nivellement social absolu, puisque l'inégalité est aux êtres
une loi universelle. L'égalité ne devient nettement
compréhensible que par l'expression de son idéal ou
que par son mode d'application. « Equité, amour, égalité politique en sont l'expression ». Elle s'impose ainsi
comme principe régulateur à l'Etat démocrate où elle
atténue les conséquences fâcheuses de l'inégalité naturelle en proclamant l'égalité de tous devant la loi,
proclamation qui retentit dans les consciences et leur

demande plus de dignité, plus de justice fraternelle.

On conçoit qu'une égalité ainsi parfaite produirait une plus parfaite « inégalité sociale ». Tel est aussi l'esprit de l'égalité en éducation intégrale. Le nivellement social établi par cette éducation résidera donc plus dans le principe que dans la réalité, mais l'on y trouvera l'élévation de l'humanité plus dans la réalité que dans le principe.

CHAPITRE II

De l'Histoire. — Importance de l'Enseignement de l'histoire en
Éducation Sociale. — « Autrefois et aujourd'hui ». — De
l'histoire selon Herbert Spencer.

Si l'histoire est quelquefois la source qui alimente
nos préjugés ataviques, elle est aussi la source d'où
jaillit, vers l'entendement, l'intelligence des phénomènes
de la vie sociale à travers le passé. L'enseignement de
l'histoire est donc d'une importance extrême en éducation sociale. Il est d'intérêt commun et fondamental
puisqu'il expose les faits à l'aide desquels on arrive à
formuler des lois naturelles qui régissent l'activité
humaine, et qu'il permet de bénéficier de l'expérience

de nos ancêtres. Se pénétrer de cette expérience et avoir le souci de la recherche de ces lois, c'est diminuer notre incertitude, c'est pouvoir mettre à profit les actions du monde antique ; et, c'est même en quelque sorte, prolonger l'existence humaine en permettant ainsi à tout homme la multiplication de ses forces.

Déjà, les études historiques ont produit d'heureuses conséquences : depuis que l'on s'est plu à dire *l'Histoire se répète,* on a eu conscience que, de l'histoire, l'on pouvait tirer des lois sociales correspondant aux lois physiques. Si l'on a constitué les sciences morales sans s'inspirer de cette indication, c'est peut-être en la suivant que l'on est parvenu à établir les premières bases de cette toute nouvelle science, *la science sociale* (1).

---

(1) On se le rappelle, après avoir été pressentie par les Physiocrates, Turgot et Condorcet, cette nouvelle science fut mise au jour par Aug. Comte qui, le premier, la dénomma *science sociale,* nom encore préféré à celui de sociologie, autre dénomination sous laquelle elle est souvent désignée.

John-Stuart Mill, un fervent disciple et admirateur d'Auguste Comte, Herbert Spencer et Le Play, ont, par leurs travaux remarquables, captivé l'attention d'une foule d'intelligences qui depuis se sont adonnées à la *science sociale.*

Au point de vue de l'*éducation sociale*, l'importance de l'enseignement de l'histoire véritable s'impose encore mieux à quiconque veut bien l'envisager dans le passé. Lorsque dans les écoles primaires, ces seuls foyers intellectuels populaires, on avait fait apprendre la date rappelant la naissance du roi, son avènement au trône, son mariage, ses batailles, ses conquêtes ou ses défaites et puis, enfin, sa mort, on avait enseigné l'histoire !

Quand on amplifiait cet enseignement, ce n'était pas en vue de montrer les besoins, les aspirations et les véritables intérêts de la majorité des citoyens. On se complaisait à faire l'éloge du roi ou de ses courtisans. On élevait les erreurs et les préjugés au rang des vérités ou des plus hautes vertus ; l'enseignement de l'histoire devenait ainsi le démoniaque *déformateur* de la dignité humaine. Enfin, quand, ébloui de grandeur misérable, le magister mettait toute son âme dans ses récits de guerre, sa voix vibrait comme pour battre la charge dans le cœur des générations naissantes. Ainsi émus, ainsi exaltés, les enfants, ces embryons de peuples futurs, éprouvaient la soif du sang.

L'enseignement des faits sociaux par des dates ! l'enseignement de la Paix par la glorification de la Guerre ! et la mise en évidence de la physionomie des

peuples par le faste des cours ou par l'image des rois
ou des empereurs caracolant sur des charniers ! Voilà
quelques traits de ce vieil enseignement qui éveillait
dans chaque génération des sentiments trop bornés
pour être raisonnables et trop belliqueux pour être humanitaires.

Et, aujourd'hui, malgré la supériorité des maîtres et
des livres, l'enseignement de l'histoire alimente peu
la véritable éducation sociale. On compte presque autant de genres d'enseigner l'histoire qu'il y a de partis
religieux et de partis politiques. Pour que cet enseignement fût bon, il faudrait qu'il fût toujours *le mi-
roir* où l'homme, en s'apercevant tout d'abord, dût
ensuite contempler dans l'arrière-plan de l'image la
vie sociale des ancêtres. Par l'enchaînement des faits,
autant que par la puissance de leur peinture, il devrait
frapper l'intelligence à tel point que, soudain, l'étu-
diant pût en dégager les conséquences essentielles, « la
morale », pourrait-on dire.

« La seule histoire qui ait une valeur pratique, dit
« Herbert Spencer dans son traité de l'Education,
« pourrait s'appeler sociologie descriptive ; et le
« meilleur service que l'histoire puisse nous rendre,
« c'est de raconter la vie des actions de telle façon

« qu'il nous fournisse des matériaux de sociologie
« comparée ; afin qu'on puisse ensuite déterminer les
« lois fondamentales qui président aux phénomènes
« sociaux.

« Remarquez maintenant que, même en supposant
« qu'on puisse arriver à posséder une somme suffisante
« de connaissances historiques ayant une véritable va-
« leur, *elles seront de peu d'usage si l'on n'en possède
« pas la clef.* La clef, c'est la science seule qui nous la
« donne : *Sans la généralisation de la biologie et de la
« psychologie, il est impossible d'avoir l'explication ra-
« tionnelle des phénomènes sociaux.* »

Sans doute, l'enseignement de l'histoire véritable
prépare aux grandes réformes et contribue aux progrès de cette science en formation, *la science sociale* (1).

---

(1) « La constitution de la science sociale sur des bases positives semble la principale tâche de notre siècle. Jadis, objet de
pure curiosité et comme de luxe réservé à quelques penseurs,
l'étude de la société et de ses lois finira par devenir pour tous
une étude de première nécessité. »
A FOUILLÉE, *Introduction à la science sociale contemporaine.*

CHAPITRE III

Du procédé actuel d'éducation sociale. — Difficultés d'établir
l'éducation intégrale.

Un coup d'œil sur l'ensemble des procédés par lesquels
s'opèrent l'instruction et l'éducation montre que c'est
encore l'éducation établie sur le respect des préjugés de
caste et de race qui tient lieu d'éducation sociale ou
d'éducation intégrale. Les résultats de l'enseignement
actuel de l'éducation sociale sont pour la plupart comparables à ceux qui seraient obtenus par un groupe de
personnes contraintes à observer un paysage avec des
lunettes aux verres tachetés et se différenciant encore

par la couleur. Chaque observateur arriverait ainsi à des résultats différents. De même, par l'éducation actuelle qui est aussi comparable à ce bizarre procédé d'observation, nous croyons voir nos semblables, bons ou mauvais, supérieurs ou inférieurs, selon l'aspect sous lequel nous les montrent nos préjugés, nos sophismes ou nos erreurs qui sont pour nous ce que sont ces entraves à ces observateurs. Ainsi, on raisonne et on agit d'après l'éducation reçue. Du procédé d'éducation résulte le caractère de l'esprit social.

Ce n'est certes pas en peignant la façade du vieil édifice de l'Éducation que l'on parviendra à le transformer en un monument approprié aux besoins de l'éducation véritable. Mieux vaut rêver que de perdre son temps à pareille besogne, et mieux vaut aussi contempler « une réalité fort lointaine ».

Pour donner l'éducation intégrale, il faut évidemment que les éducateurs se trouvent dans le même ordre de conditions où cette catégorie d'observateurs devrait être pour voir le paysage sous son aspect véritable. De même que toutes ces personnes devraient se débarrasser des fantaisistes lunettes, leurs entraves, de même les éducateurs actuels devraient chasser de l'horizon de leur entendement les préjugés, les sophismes qui leur dissimulent la véritable nature des matières soumises à leur attention. Tâche impossible à la plupart d'entre eux ; se défaire de ses croyances erronées demande du temps et même de l'héroïsme. Le problème de l'éducation intégrale sera donc lent à résoudre pratiquement. Des éducateurs d'élite (écrivains, artistes, orateurs, professeurs, hommes et femmes d'action) sont indispensables. Sans eux, l'on ne saurait pas plus éduquer intégralement la société que l'on ne pourrait transformer l'industrie sans l'action d'un outillage puissant et délicat. L'éducateur est presque à l'éducation ce que l'outillage est à l'industrie.

La société actuelle ne peut commencer à travailler utilement et activement à la solution du grand problème de l'éducation intégrale qu'après avoir été familiarisée avec les principes des principales questions dont chaque solution contribuerait à la réalisation des moyens d'élever tous les hommes à leur plus haut degré de vigueur et de perfection et, croyons-nous, *qu'après avoir reconnu la puissance à laquelle il faut s'adresser pour s'acheminer vers l'éducation intégrale.*

PRINCIPES DE QUELQUES QUESTIONS A CONSIDÉRER EN VUE DE PRÉPARER L'ACHEMINEMENT DE LA SOCIÉTÉ VERS L'ÉDUCATION INTÉGRALE

CHAPITRE UNIQUE

I De l'universalité de l'éducation intégrale. — De l'harmonie
sociale par l'éducation intégrale. — II. De l'alimentation. —
De l'habitation. — Deux nécessaires : *le nécessaire pour vivre
et le nécessaire pour produire*. — Du travail. — Des récréations. — III. De la coéducation des sexes. — Des passions et
la coéducation des sexes. — IV. De l'éducation physique. —
De l'éducation morale. — De l'éducation intellectuelle. — Du
rôle du médecin dans ces trois éducations. — V. *De la morale ;
de la religion. — De la volonté :* orientation de la volonté.
— *De la mutualité.* — VI. De l'art. — VII. Un point d'hygiène. — Du mariage. — VIII. De l'introduction à l'Histoire et à la Politique. — La Politique et l'Éducation intégrale.

L'ensemble de ce qui va suivre est plutôt l'idéal de
la société que l'expression de ses besoins actuels; dira-

t-on peut-être en matière de conclusion. Mais alors, qu'on se demande si ce qui est l'idéal de la société, ou si ce qui est le sentiment de la raison ne doit pas fatalement devenir le but de l'éducation.

I

DE L'UNIVERSALITÉ DE L'ÉDUCATION INTÉGRALE. — De même que le vrai savoir s'impose à la raison par son caractère de vérité universelle, de même le savoir-vivre intégral, ou le « pouvoir-vivre » intégral, ces résultats de l'expérience et du travail, doivent s'imposer aux hommes par leur caractère d'universalité, afin que ceux-ci y trouvent comme dans la pratique du vrai savoir, leurs intérêts particuliers et l'intérêt général.

Il faut donc tirer de la science (ou des connaissances qui en tiennent lieu), de l'équité et de la raison, les principes de l'éducation intégrale, afin de donner à l'éducation « la force de l'unité et de l'universalité ». Ainsi, on supprimera les principes contradictoires qui sont les causes de nombreux conflits engendrés par l'Éducation ; et, de cette éducation unique, résultera fatalement une plus grande liberté et une activité plus belle.

DE L'HARMONIE SOCIALE PAR L'ÉDUCATION INTÉGRALE. — La nature est la première cause de l'inégalité des hommes, et l'éducation en sera la seconde tant que ses principes ne seront point universels et universellement appliqués à tous. Alors, apporter plus d'unité et plus d'universalité dans l'éducation, c'est réduire l'inégalité sociale et augmenter parmi les individus l'harmonie dans leur inégalité naturelle.

II

DE L'ALIMENTATION. — DE L'HABITATION. — DEUX NÉCESSAIRES : LE NÉCESSAIRE POUR VIVRE ET LE NÉCESSAIRE POUR PRODUIRE. — DU TRAVAIL. — DES RÉCRÉATIONS.

DE L'ALIMENTATION. — Dans la nourriture, on trouve

à la fois le premier besoin de l'animal et le premier moyen de son élevage ; l'alimentation joue aussi le premier rôle dans l'éducation.

Base quotidienne de la vie de l'individu, l'alimentation est la source matérielle de son énergie. L'insuffisance, comme le superflu, altère cette source vitale. Le développement intégral de l'homme doit donc reposer sur l'alimentation rationnelle (1).

Par le développement de l'enseignement de l'hygiène alimentaire (enseignement en cours dans l'Enseignement ménager (2) actuel), on s'acheminera vers la généralisation de l'alimentation rationnelle (voir § IV, chapitre VII, de ce livre premier).

DE L'HABITATION. — L'éducation sociale commence à la maison ; la première des tranformations à faire en vue de l'éducation intégrale est donc l'*habitation*.

---

(1) On trouvera les données scientifiques de l'alimentation dans : *Hygiène alimentaire*, par DUJARDIN-BEAUMETZ.

(2) En France, il existe plusieurs cours d'enseignement ménager. En Suisse, cet enseignement est généralisé.

Tout ce qui améliore l'habitation améliore également l'éducation.

La maison s'offre à l'homme comme la première et la plus capitale des leçons de choses ; elle est autant le berceau de son éducation expérimentale qu'elle est le foyer d'où rayonne sa vie sociale. Elle influence la santé, la morale, l'hygiène, le contentement, la production ; et, par son insuffisance, elle peut décomposer les forces mêmes dont elle doit aider la constitution et le développement.

Il importe donc que l'habitation réponde à tous les besoins de l'hygiène ainsi qu'aux exigences « du nécessaire pour vivre socialement et du nécessaire pour produire ».

DEUX NÉCESSAIRES : LE NÉCESSAIRE POUR VIVRE ET LE NÉCESSAIRE POUR PRODUIRE. — Au point de vue des besoins, il y a lieu de distinguer DEUX GRANDS NÉCESSAIRES : le nécessaire pour vivre et le nécessaire pour produire (1).

---

(1) Distinction faite par M. MARSHALL dans ses *Elements of Economics of Industry*.

Le nécessaire pour vivre, que chacun définit selon les besoins de son rang social, comporte, strictement parlant, le minimum de nourriture indispensable au maintien de la vie ; ensuite, le vêtement et le logement.

Le nécessaire pour produire, en outre du nécessaire pour vivre, implique, d'une part, des aptitudes suffisamment développées pour que chacun sache exercer avec profit, sa force physique et sa force morale ou intellectuelle ; et, d'autre part, une alimentation rationnelle qui, avec les moyens suffisants d'hygiène proprement dite et d'hygiène morale, lui permettent de déployer toute sa puissance.

La possession du nécessaire pour produire supprime la cause de la plupart des crimes et des maladies, ainsi que la cause de la prostitution, ce ferment du crime et du mal qui décime ou qui appauvrit les races humaines.

Rendre tout individu capable d'acquérir le nécessaire pour produire est le but ardemment poursuivi par l'éducation intégrale. Et, pendant le cours de cette éducation, *ce nécessaire* doit en être autant l'un des fondements que « le nécessaire alimentaire pour produire » est la base fondamentale de l'élevage rationnel.

Du travail. — Le travail est à l'humanité ce que le cœur est physiologiquement et moralement à l'homme.

C'est au labeur du cœur que nous devons la vie. Que ce *travail* cesse, et, c'est la syncope ou la mort. C'est le travail qui envoie aussi toute la richesse à travers l'immense organisme de l'humanité et, lui assure sa vie et son développement.

C'est le cœur qui nous lance continuellement vers l'amour, ce foyer créateur d'où émanent même les moindres éléments de notre bonté. Et c'est au travail des sociétés antérieures que l'humanité actuelle doit son bien-être, et, ses œuvres de science et d'art qui nous récréent et qui nous transportent vers les régions d'un idéal toujours plus loin mais toujours plus beau.

Que serait-ce l'humanité sans le travail, et le travail sans l'idéal...?

Il est établi que le travail manuel exerce une action bienfaisante sur le développement du corps et des facultés. Toutefois, on peut rappeler la *Revue scientifique,* qui a présenté un livre de M. Lelaud ; M. A.

Laigle, auteur de « l'Éducation au point de vue de la « lutte pour la vie » ; et M. Henri Rovel, qui a publié une remarquable étude sociale.

Dans son ouvrage *Pratical Education treating of development and training the constructive faculty* (1), M. Lelaud montre le rôle bienfaisant du travail manuel dans l'éducation.

« M. Ch. Lelaud, dit cette revue, est d'avis que
« l'éducation des enfants ne peut que gagner et cela
« d'une façon considérable si, aux notions théoriques
« et à l'enseignement, l'on joint l'exercice manuel,
« c'est-à-dire l'habitude de se servir de ses doigts pour
« façonner des outils et des ouvrages divers. Selon lui,
« cette habitude développe la rapidité de la perception,
« la mémoire, le goût artistique, en même temps
« qu'elle enseigne l'art de tirer parti de tout, soit
« pour l'utilité, soit pour l'agrément. »

M. A. Laigle dit dans son ouvrage : « M. Lelaud
« semble s'être inspiré de cette pensée de Channing,
« un des hommes les plus sensés de la libre Amérique :

---

(1) Publié par Whittsker et Cⁱᵉ, éditeurs, Londres.

« le travail manuel est si loin de mériter le mépris et
« le dédain *qu'on finira par voir que lorsqu'il est uni*
« *à la culture intellectuelle, il donne un jugement plus*
« *sain, il favorise une observation plus pénétrante, une*
« *imagination plus créatrice et un goût plus pur qu'au-*
« *cune autre profession.* »

« Que le fils du riche, écrit Henri Rovel (1), apprenne
« à manier l'outil comme il apprend à manier l'arme
« pour défendre la Patrie, car si l'arme est nécessaire
« à la sécurité de celle-ci, l'outil est indispensable à sa
« grandeur. De cette façon, l'ouvrier respectera celui
« qui, après avoir travaillé comme lui, sera élevé par
« sa puissance intellectuelle jusqu'aux plus hautes si-
« tuations de la société et, celui-ci, à son tour, estimera
« le travailleur, son ancien compagnon, quand il se
« rendra compte de tout le dévouement dont il est ca-
« pable. »

Commun à tous, dès l'enfance, le travail manuel
peut ainsi être aimé de tous ; il peut anéantir le sot

---

(1) *Jean Praxtel*, ouvrage publié en 1897 chez Plon et Nourrit,
éditeurs, Paris.

mépris dont il est encore l'objet et inculquer à tout homme le respect de l'homme. Il s'impose à tous, non dans une intention égalitaire, mais dans un but de haute culture sociale et de fraternité positive.

De la récréation. — La récréation véritable est une *récréation* de forces ; elle est, en quelque sorte, *l'alimentation de l'effort*.

La récréation a aussi « ses nécessaires » : qu'il s'agisse du nécessaire de loisirs que l'homme doit avoir pour vivre socialement en accomplissant une tâche ordinaire, ou qu'il s'agisse du nécessaire récréatif qu'il doit avoir pour mettre en valeur ses aptitudes spéciales, ce qu'il lui faut, dans les deux cas, c'est le nécessaire récréatif pour que dans l'effort toutes ses forces puissent tendre constamment vers leur équilibre naturel et qu'alors le résultat de l'effort soit le « produit » de la mise en jeu de ses forces équilibrées.

III

DE LA CO-ÉDUCATION DES SEXES. — DES PASSIONS ET DE LA CO-ÉDUCATION DES SEXES.

De l'étude impartiale sur la co-éducation des sexes dans l'Enseignement (enseignement primaire et enseignement secondaire dans plusieurs Etats de l'Union américaine ; enseignement primaire mixte dans les petites communes de France ; enseignement supérieur dans les pays où les Facultés sont ouvertes à la femme), on conclut que l'homme et la femme éduqués ainsi en commun sont moins exposés aux erreurs des sens, mieux équilibrés et socialement supérieurs. En outre, chez les peuples où cette éducation manque, mais où, en dehors de l'Ecole, les mœurs autorisent une sorte de « demi-co-éducation des sexes », il y a une activité sociale mieux ordonnée que chez les nations où cette « co-éducation » n'existe pas.

La co-éducation des sexes apparait donc désirable. Et, tout rapport de consanguinité mis à part, l'on peut affirmer que, de même que les frères et sœurs doivent, en grande partie, à leur co-éducation, la neutralité de sexe et la réciproque amitié respectueuse qui existent entre eux, de même une pareille co-éducation donnée dans les écoles produit des résultats à peu près semblables là où l'Ecole est vraiment la *famille élargie*.

Dans les pays où la co-éducation des sexes est depuis longtemps établie, elle apparaît aussi naturelle que la co-éducation des sexes dans la famille. Ainsi, l'expérience affirme que cette éducation peut être généralisée, sans provoquer plus d'accidents que dans la famille.

Voici une relation qui la met en relief et qui en montre la supériorité dans ses conséquences sociales :

« Pour la première fois dans le monde on a vu, il « y a environ quarante ans (vers 1840), dans un collège « dont la postérité retiendra le nom (le collège d'Ober- « lin), la science distribuée sans exception de sexe. « par la bouche des mêmes professeurs, dans la même « enceinte. « Pour la première fois, l'âme de la femme « a été reconnue de la même valeur que celle de « l'homme, également intéressée au vrai, également « capable d'y atteindre ». Le fondateur de cet institut

« unique en son genre était un Français d'Alsace et
« que nous avons laissé partir comme nous avons
« laissé partir Fulton qui ravit ainsi à la France l'hon ·
« neur d'une grande idée. »

« Qu'est-ce donc que son œuvre ? « C'est une école
« comprenant les beaux-arts et l'agriculture, les
« sciences et les études classiques, l'encyclopédie des
« connaissances humaines, avec l'humanité sous ses
« deux formes pour en cultiver le champ et l'agrandir :
« trois ou quatre cents jeunes gens et jeunes filles de
« seize à vingt-quatre ans (1857,, aux termes du
« dernier rapport, vivant librement entre eux sous une
« surveillance double correspondant aux deux élé-
« ments que renferment les élèves, « et faisant le grand
« apprentissage de la vie dans un milieu qui est large
« comme une cité et fraternel comme une famille ».

« Rien de plus simple, rien de plus beau. Cela se
« renouvelle à toutes les échelles de l'enseignement,
« primaire ou plus avancé ; il s'agissait de pousser plus
« loin la conquête dans ce qu'elle avait de plus fécond
« et de plus logique. « A mesure qu'on approche du
« moment où l'individu doit se doubler, ne faut-il pas
« développer les sentiments, exalter les facultés qui
« correspondent à la mission respective de l'un et de
« l'autre » ? C'est ce qu'exprimait admirablement un des

« présidents de ce collège dans un discours prononcé
« en 1867. Répondant à des scrupules exprimés de
« divers côtés, il disait :

« Ne doit-on pas craindre de voir s'altérer dans une
« réunion où chaque sexe devra nécessairement exercer
« sur l'autre une grande influence, le caractère dis-
« tinctif de chacun d'eux ? Ne verra-t-on pas les jeunes
« filles prendre la rudesse des manières, le laisser-aller
« et le sang-gêne des garçons ou ceux-ci devenir mous,
« efféminés et frivoles ? *L'expérience prouve le contraire :*
« d'un côté, *la présence des jeunes filles n'inspire aux*
« *jeunes gens que des sentiments généreux, un esprit*
« *élevé et chevaleresque.* Quant aux jeunes filles, *la dé-*
« *licatesse, la grâce et l'élégance qui leur sont naturelles*
« *perdraient bien plutôt dans une existence isolée, loin*
« *de la présence de ceux dont la vue contribue le plus*
« *souvent à développer les meilleures tendances de leur*
« *nature.* C'est dans l'isolement et dans des conditions
« exceptionnelles que se forment les *viragos et les*
« *amazones.* C'est dans la vie commune que naissent
« et se manifestent les qualités sociales.

« Toutes ces considérations s'effacent devant la plus
« grave de toutes, devant celle des mœurs. Comment
« se figurer qu'il n'y ait pas plus de danger à redouter
« pour les jeunes filles, dans les rapports journaliers

« qui existent entre elles et les jeunes gens dont elles
« partagent les études ? Réunis dans les mêmes classes,
« souvent sous le même toit, comment les uns et les
« autres pourraient-ils échapper à ces attractions puis-
« santes qui sont une loi de la nature, et qui, dans les
« âmes jeunes et sensibles, servent de point de départ
« à la plus irrésistible des passions humaines ?

« *Ici encore le fait pratique répond hardiment à la*
« *théorie :* « vous avez tort ». Les attractions sont bien
« plus impérieuses et exercent de bien plus grands ra-
« vages dans les âmes, lorsque les jeunes gens et les
« jeunes filles vivent chacun dans un monde à part et
« ne connaissent que ce que leur apprennent les uns
« et les autres, les rêves de leur imagination. « Accou-
« tumés à se voir de près depuis l'enfance, à vivre à
« côté les uns des autres, à grandir les uns auprès des
« autres, comme les garçons et les filles dans la mai-
« son paternelle, ils ne s'abandonnent point à ces sen-
« timents romanesques, à ces désirs chimériques qui
« naissent bien plus naturellement dans leur cœur,
« lorsqu'ils n'ont pas sous les yeux le spectacle de la
« vie réelle ». Ils sont maintenus, les uns à l'égard des
« autres, dans la limite de la convenance et du respect ;
« et ce qu'ils pratiquent avant tout, c'est la confrater-
« nité qui naît des habitudes studieuses.

« Mais enfin, dit en terminant M. Fairchild, est-ce
« qu'il ne va pas se former entre ces jeunesses (*The
« young people*) des liaisons qui aboutiront à des ma-
« riages pendant le cours de leurs études ou après la
« sortie de l'école? Sans doute, il s'en formera et s'il
« y a là une objection péremptoire, il faut avouer que
« le système est mauvais. C'est en général entre seize
« et vingt-quatre ans que de semblables liaisons s'éta-
« blissent, et c'est précisément la période que l'on
« passe à l'école. Il ne serait pas naturel que des
« liaisons de ce genre ne se nouent pas dans la large
« réunion de jeunes gens et de jeunes filles qui com-
« posent le personnel de l'école : il n'y a pas à pré-
« sumer que des promesses de mariages en résultent
« moins qu'ailleurs — ni plus. Plus d'une fois il appa-
« raîtra que les fiancés quittent l'école pour accomplir
« ces engagements. La question est de savoir si ce sont
« là des conditions moins favorables pour assurer des
« unions heureuses et bien assorties que celles dans
« lesquelles elles se contractent ordinairement ; et dans
« ces termes, la question n'est pas douteuse. »

(Extrait de *Essai sur la condition des femmes en Europe et en
Amérique*, par Giraud. Auguste Ghio, éditeur, Paris.)

La co-éducation des sexes existe dans un grand nombre d'écoles de l'Union américaine : dans les écoles des Etats de New-York, du Michigan, du Rhode-Island, du Massachusetts, de la Californie, du Visconsin, de la Virginie, de l'Illinois et de l'Indiana. Elle est aussi adoptée par les orphelinats israélites de Londres et de Paris.

Elle fut organisée, en 1880, à l'orphelinat de Cempuis par M. Robin, directeur de cet établissement. Les bons résultats furent dûment constatés en 1892 par M. Jost, inspecteur général de l'instruction publique et par Mme Kergomard, inspectrice générale des écoles maternelles. Cependant, M. Robin eut le sort réservé à la plupart des innovateurs audacieux : à la suite d'une campagne de Presse et d'une enquête ministérielle hâtive, il fut révoqué (août 1894). Mais, un ans après, l'Enquête du Conseil général de la Seine aboutit à sa réhabilitation.

« Quiconque a vu Cempuis, d'un regard loyal, sait à merveille les bénéfices moraux et, partant, physiologiques de la

« co-éducation. Nul besoin d'invoquer les Etats-Unis, la Suisse,
« la Norvège ; Cempuis a le mérite de répondre pour la France,
« où des attardés, trop nombreux, semblent croire qu'on ne
« peut élever côte à côte, dans un établissement d'instruction
« publique, un garçon et une fille sans leur donner envie de
« faire un enfant...

« La vérité, M. *Buisson*, directeur de l'Enseignement primaire,
l'a fort bien dit : « *Petits ils ne s'étonnent pas ; et en grandissant
ils n'arrivent pas au trouble, n'étant point surpris.* »

(Extrait de *Humanisme intégral*, par Léopold Lacour, Stock,
éditeur.)

DES PASSIONS ET LA CO-ÉDUCATION DES SEXES. — Il
est vrai que les passions, bonnes ou mauvaises, nous
poussent à l'action et qu'elles nous servent souvent
mieux que nos connaissances scientifiques. Il s'ensuit
que ces fougueux artisans de l'âme, à l'aide desquels
nos facultés peuvent atteindre leur maximum de développement, dans le bien comme dans le mal, doivent
recevoir une éducation rationnelle. Or, du contact des
sexes « jaillissent » les plus puissantes passions. Et
ce sont ces passions-là qui, selon qu'elles puisent leur
énergie dans l'élévation ou dans la vulgarité, font
rayonner la grandeur ou la dégénérescence des individus ou des peuples.

Par la seule quotidienne mise en contact de l'homme et de la femme à l'époque même du développement de leurs facultés, pendant l'enfance et l'adolescence, on épure ces passions à leur source ainsi que le mobile de la plupart des actions capitales de la vie. Aussi, l'éducation des passions doit avoir pour base la co-éducation des sexes.

Par cette éducation expérimentale, les forces de la sensibilité, ce foyer des passions, s'allient et se développent naturellement avec les forces de l'intelligence et de la volonté. Mises ainsi quotidiennement en jeu par les rapports sociaux et journellement rectifiées par le jeu même de ces diverses forces, toutes ces forces s'harmonisent mieux et donnent à la jeune société ainsi éduquée, l'équivalent moral, en quelque sorte, « d'une solide et large cage thoracique » où le cœur, alors délivré des ordinaires entraves passionnelles, bat librement et noblement.

IV

DE L'ÉDUCATION PHYSIQUE. — DE L'ÉDUCATION MORALE ET DE L'ÉDUCATION INTELLECTUELLE. — DU RÔLE DU MÉDECIN DANS CES TROIS ÉDUCATIONS.

ÉDUCATION PHYSIQUE. — Malgré la force de persuasion du langage des traditions et des préjugés, on ne peut admettre que, négligeant l'éducation physique, l'on puisse porter l'individu à son maximum de puissance par la seule culture du fonds moral ou du fonds intellectuel. Il est d'ailleurs établi que « tout être normalement constitué est moral » (Pensée développée par Mme Kauffmann au congrès (1) de l'Education physique).

Il faut donc, à la fois, employer tous les moyens propres à maintenir l'homme bien constitué dans son

---

(1) Dans un des vœux exprimés à ce congrès (en 1900) on demande la création d'une *Direction de l'éducation physique*, au ministère de l'Instruction publique.

état normal et tous les moyens susceptibles d'amener l'homme de constitution anormale vers le meilleur état physique et mental qu'il peut atteindre.

Et tous ces moyens qui concourent au développement intégral de l'être physique, et qui dans leur ensemble constituent l'éducation physique, sont encore renforcés par l'éducation morale et par l'éducation intellectuelle.

Éducation morale. — Si, comme l'on dit, l'homme est essentiellement sujet à l'erreur, le simple bon sens n'indique-t-il pas clairement que *c'est sur des vérités essentiellement évidentes qu'il faut jeter les bases de son éducation morale,* bases qui demeurent généralement les impérissables principes du gouvernement de lui-même?

L'éducation morale se résume dans la pratique du *Tu dois faire — Tu ne dois point faire.* C'est un enseignement dont la valeur est tout entière dans la cause qui fait dire : *Tu dois ou tu ne dois pas.*

Or, quand on prescrit l'un ou l'autre de ces ordres, on ordonne d'après des lois naturelles ou d'après des lois conventionnelles (lois civiles, dogmes, traditions, conventions individuelles), ou enfin d'après l'erreur même soit par égoïsme, soit par ignorance.

Les lois naturelles l'emportent, cela va sans dire, sur les lois conventionnelles : c'est par elles que le devoir s'impose comme un besoin dont la satisfaction, d'ailleurs, est indispensable au libre essor des aptitudes physiques, morales et intellectuelles. Quant aux lois conventionnelles, elles valent, au point de vue de la raison, ce que vaut leur plus ou moins de conformité aux lois naturelles ou à l'intérêt général.

Il importe donc que la cause morale d'après laquelle on enseigne le *tu dois* ou le *tu ne dois pas* soit une loi naturelle ou une loi librement consentie par la majorité des intéressés.

ÉDUCATION INTELLECTUELLE : L'INSTRUCTION. — Il demeure incontestable que c'est par l'observation, par le jugement et par l'expérience de l'humanité que le cerveau s'est développé.

De sorte que l'instruction, dont le but est de développer l'évolution de l'esprit humain, doit aussi avoir pour base l'observation, le jugement et l'expérience.

Mais, en observant l'art d'apprendre tel qu'il se

trouve dans l'enseignement, on note deux modes d'assimilation des produits intellectuels : l'un, essentiellement basé sur la mémoire, c'est la *méthode mnémotechnique* ; l'autre, basé sur la loi des associations et faisant appel au jeu de toutes les facultés, en particulier à l'esprit d'observation et de jugement, c'est *la méthode expérimentale.*

La première, quoique généralement suivie dans l'enseignement actuel, est condamnée par l'expérience et même par un document officiel d'une grande éloquence : *l'Enquête parlementaire sur la Réforme de l'enseignement secondaire* (1).

De ces deux méthodes : l'une, la *mnémotechnique,* ne donne que le *nécessaire pour paraître* ; mais l'autre, *l'expérimentale,* donne le *nécessaire pour...* ETRE.

La méthode expérimentale (2) s'impose donc.

---

(1) Il est à noter que dans cette enquête l'insuffisance de l'enseignement secondaire actuel y est constatée par les professeurs eux-mêmes et par des notabilités de la Politique, des Sciences et des Lettres.

(2) On ne saurait l'exposer ici ; mais il est à rappeler qu'un homme éminent, M. le Dr G. Le Bon, autant notable par ses nombreux voyages d'études que par la valeur de ses divers ouvrages, a publié une étude remarquable sur l'éducation. Il démontre dans son beau livre, *Psychologie de l'Éducation,* l'insuccès

Du rôle du médecin. — Pour être véritables, ces trois éducations doivent être basées sur les lois naturelles qui régissent l'homme (lois physiologiques, lois psychologiques, lois morales) et sur les rapports intimes qui existent entre l'éducation physique, l'éducation morale et l'éducation intellectuelle. Au point de vue de l'éducation individuelle, le problème à résoudre par tout éducateur se formule ainsi : *Étant donnée la constitution physique d'un individu, comment doit se faire rationnellement, d'abord son éducation physique, puis son éducation morale et son éducation intellectuelle ?*

Comme la majorité des éducateurs est loin de pouvoir le résoudre, il s'ensuit que l'on doit faire appel au médecin, qui, actuellement, est l'auxiliaire le mieux qualifié de l'éducateur. Et, plus on pénétrera la véritable éducation, plus on accordera une juste importance au rôle que ce praticien peut et doit jouer dans l'éducation intégrale.

---

de l'enseignement basé sur la méthode mnémotechnique et met en évidence les bons résultats que l'on peut atteindre par un enseignement ayant pour base la méthode expérimentale.

V

DE LA MORALE ; *de la religion.* — DE LA VOLONTÉ ; *orientation de la volonté.* — DE LA MUTUALITÉ

DE LA MORALE. — La morale est universelle : qu'elle soit donc l'étude, l'interprétation et surtout la pratique des universelles lois sociales.

Se familiariser avec la connaissance de ces lois au point que l'antique principe « ne fais point aux autres ce que tu ne voudrais pas qu'on te fît ; fais aux autres ce que tu voudrais qu'on te fît » devienne *le résultat de la volonté en action.*

À considérer que la moralité parfaite ne peut pas exister en dehors de l'harmonie des forces individuelles de l'homme et de la femme.

Religion. — Le but des plus nobles religions a été d'élever, par voie de croyance, la « créature » aux conceptions du « Créateur ».

On se demande si, par des moyens purement humains (par voie de l'art, de l'éducation, de la science et de la morale naturelle), on ne peut pas élever plus sûrement l'homme à l'*intelligibilité de la Force et de la Matière universelles.*

On dit, et, certes, l'on dira longtemps encore : *sans religion, il n'y a pas de morale, il n'y a pas d'éducation véritable.* Il ne convient point de répondre à un dogme par un autre dogme ; mais il apparaît raisonnable qu'en fait *de morale religieuse ou d'éducation religieuse* chacun se fasse une idée claire sur les religions et sur leur origine. D'ailleurs, comme les religions tiennent une si grande place dans l'histoire et une place encore fort importante dans le temps présent, on peut affirmer qu'il ne peut y avoir ni de morale intégrale, ni d'éducation intégrale sans l'étude de l'histoire des religions.

VOLONTÉ. — Personne ne met en doute la valeur de la maîtrise de soi. Et, tout observateur ne peut envisager les grandes époques de l'Histoire sans voir dans leurs artisans des hommes de volonté.

L'art d'éduquer intégralement doit donc envisager

constamment la volonté, faculté qui, en quelque sorte, détermine le degré du pouvoir de l'homme normalement constitué comme la longueur du rayon, l'étendue du cercle.

L'éducation intégrale, en se proposant surtout d'accroître le rayonnement de l'action sociale de tout homme, doit aussi en étendre la volonté car de même que l'on ne saurait élargir l'aire d'un cercle sans prolonger son rayon, de même on ne saurait développer son pouvoir sans augmenter son vouloir.

À la question : *pourquoi voulez-vous ?* posée à des hommes de volonté, les uns se bornent à cette réponse typique *parce que c'est comme ça*, et les autres s'expliquent et satisfont la raison. Cette manière de répondre les caractérise et les classe en deux types : *L'un veut parce qu'il veut ; l'autre veut parce qu'il sait.*

Entre un homme dont la volonté repose sur l'obstination à « vouloir sans savoir » et un autre dont la volonté a pour base « le savoir », on reconnaît aisément « celui des deux qui vaut le plus et qui peut le plus. » Le savoir demeure donc le fondement de l'éducation de la volonté. *Faire du bon savoir pour avoir du bon vouloir* pourrait être la devise de l'éducation de la volonté.

Orientation de la volonté. — Le savoir constitue le corps de l'éducation de la volonté, tandis que l'élévation effective semble en être l'âme. La volonté sera donc orientée « vers des vérités positives », d'abord parce que rien n'est plus propre à son développement et, ensuite, parce que l'élévation est d'autant plus véritable qu'elle repose, non pas sur la *vérité des religions*, mais, uniquement sur la *vérité raisonnable*.

A noter parmi les particularités les plus saillantes de cette orientation : l'éducation de la volonté doit inculquer à tout homme qu'il doit aussi travailler à l'élévation d'autrui, parce que le fait de vouloir s'élever seul ou par l'abaissement des autres est, sinon la plus vaine, la plus misérable de *élévations*. Celui qui arrive à vouloir l'élévation d'autrui, celui-là, est *bien élevé*.

De la mutualité. — Il demeure incontestable que plus on observerait l'antique principe, que toutes les religions ont confirmé : « Ne faites point aux autres ce que vous ne voudriez pas qu'on vous fît ; faites constamment aux autres ce que vous voudriez en recevoir », plus on augmenterait le bien-être matériel, moral et intellectuel de l'humanité.

Il est donc d'importance vitale et universelle d'initier l'enfant à la pratique quotidienne de ce principe, que la Révolution française inscrivit dans sa *Déclaration des droits et des devoirs de l'homme et du citoyen*.

Ce principe se réalise dans la *mutualité*, qui est un acte libre de solidarité dont on trouve l'énoncé lapidaire dans l'universel proverbe : *Chacun pour tous, tous pour chacun*.

Les résultats matériels de la mutualité sont des plus positifs puisqu'ils relèvent des travaux qui ont fait d'une œuvre de prévoyance, *l'assurance*, une œuvre de précision. Bien que l'on ne puisse juger ainsi ses autres avantages, il est manifeste que *la mutualité* amoindrit l'inégalité naturelle, établit de nouveaux rapports moraux et intellectuels favorables au développement de l'égalité fraternelle. Par leur continuelle action économique et morale, ces rapports influencent profondément les mœurs ; ainsi, ils doivent amener la société à un *état moral et intellectuel de mutualité spontanée*. C'est, sans doute, l'état mental où les hommes doivent se trouver pour qu'ils puissent aisément résoudre la *question sociale*.

VI

DE L'ART

I

Si l'éducation intégrale est la technique de l'élévation véritable, l'art doit en être le génie.

L'art, voix universelle, parle à tous, et à tous donne une impression de grandeur ou de vérité. Il pousse l'esprit vers l'intime compréhension de la force et de la matière universelles. Il est créateur. *Il idéalise la morale et cause le souci de l'amour universel.* En lui réside, à la fois, l'élévation positive et l'élévation idéale de l'homme aux principes immanents d'amour et d'équité que l'on a voulu exprimer par un seul mot : *Dieu.*

II

Si, comme la contemplation d'une beauté naturelle, la jouissance que nous procurent les œuvres d'art véritable nous donne un instant l'illusion de notre propre grandeur, l'art n'est-il point l'éducateur intime, le « régénérateur spontané » ?

Sans doute, il importe de faire un choix parmi les œuvres d'art et de répandre dans les écoles celles qui ont la plus grande valeur éducative.

Un art nouveau pourrait naître, *l'art dramatique scolaire* ; ayant pour objet l'éducation expérimentale, il deviendrait *la haute école de la vie* à l'Ecole même.

<h1 style="text-align:center">VII</h1>

UN POINT D'HYGIÈNE. — DU MARIAGE

I. — L'hygiène s'affirme comme un devoir individuel et social. A ses moyens prophylactiques en cours, on peut ajouter le suivant :

Les maladies, la dégénérescence — telles que celles provenant de l'alcoolisme, de la mauvaise alimentation, du manque de soins — dont on peut se préserver par l'éducation scientifique ou même par l'éducation morale, peuvent encore être efficacement combattues par un enseignement pratique fait à tous les adolescents. La cause en serait montrée dans ses conséquences, à l'aide de pièces anatomiques représentant des corps humains en puissance de maladie ou de dégénérescence. Cette exhibition, qui ferait l'objet d'une leçon de choses, pourrait être faite dans les plus petites communes à l'aide de « musées anatomiques ambulants. » Quant aux maladies d'un ordre délicat, les parents se chargeraient d'en instruire leurs enfants.

II. Du mariage. — Il est vrai que si en prévision du mariage on apportait quelques-uns des soins que les éleveurs éclairés prennent en vue de la reproduction animale, on obtiendrait aussi des améliorations notables dans l'espèce humaine.

Dans leur étude matrimoniale, *The modern marriage Market*, Mmes Marie Corelli, Flora Steel, lady Jeune et la comtesse de Mabmesbury mettent cette vérité en évidence en rappelant un trait du sarcastique *Punch* où, au bas d'une caricature représentant un noble Anglais et son cheval vainqueur du derby, on lit le dialogue suivant :

« *Le Lord.* — Vous êtes certainement un magnifique gaillard.

« *Le Cheval.* — Mais, milord, si on avait pris autant de peine pour choisir votre père et votre mère que vous en avez pris pour choisir les miens, vous seriez aussi un gaillard magnifique ! »

Belle boutade qui, en rappelant nos vices de constitution, montre aussi la possibilité de transmettre nos qualités aux générations à venir. Mais, il suffit d'accorder la délicatesse de sentiment à l'animal pour confondre l'humoristique « Punch », qui assimile l'éducation à la zootechnie.

Si l'on a raison d'attacher de l'importance à l'état physique des futurs pères et mères, on ne peut pas non plus méconnaître la sympathie qui développe la vitalité du couple humain, ni l'antipathie qui la ruine.

Pour améliorer la race humaine par le mariage et pour respecter, plus qu'à présent, le sentiment et la liberté individuelle, il faut se rapprocher d'une société idéale où tous les individus seraient sains et convenablement éduqués, parce que, dans cette société, on pourrait donner libre cours au sentiment tout en développant les qualités de la race ou de l'espèce. Or, en éliminant dans l'individu les faiblesses physiques et mentales susceptibles d'être supprimées, en développant ses aptitudes et en fortifiant ses qualités natives, l'éducation intégrale fait *œuvre de sélection naturelle*. Et cette œuvre d'épuration générale, due à l'ensemble des procédés d'éducation intégrale, lui donne un développement assez parfait pour que la *sélection sexuelle* puisse s'opérer plus librement et, partant, « plus dignement ».

VIII

DE L'INTRODUCTION A L'HISTOIRE ET A LA POLITIQUE. LA POLITIQUE ET L'ÉDUCATION INTÉGRALE

I. — Connaître les degrés de l'échelle animale, c'est mieux apercevoir la position de l'homme, qui en occupe le sommet.

L'observation sur les animaux et leurs mœurs, qui constituent l'*Histoire* de ces frères inférieurs, doivent donc préfacer notre histoire.

Ensuite, si l'on s'applique à bien faire le tableau de

l'évolution politique des différentes races humaines, on a un tableau qu'il suffit d'observer attentivement pour mieux comprendre la vie et l'organisation des sociétés humaines qui, l'une et l'autre, révèlent l'Histoire et les instincts politiques. Il y a donc lieu d'étudier l'homme, ne serait-ce que sommairement, dans les divers états politiques où il a passé, c'est-à-dire dans les hordes anarchiques, les clans, les tribus, la monarchie et la république. Le suivre ainsi dans son évolution, c'est, en quelque sorte, assister aux expériences faites en politique, c'est *prendre contact* avec les besoins et les passions qui ont tracé les lignes de son histoire, ou qui ont développé son sens politique.

L'ensemble de cette étude demeure tout autant « l'introduction à l'histoire nationale » (1) de chaque peuple qu'elle est l'initiation à l'histoire universelle.

---

(1) Tel qu'il est, l'ouvrage de M. Letourneau *L'Evolution politique des différentes races humaines* pourrait être introduit dans l'Enseignement secondaire et dans l'Enseignement primaire supérieur.

LA POLITIQUE ET L'EDUCATION INTÉGRALE. — Si la tâche de la Politique est encore si difficile, c'est qu'elle doit établir l'harmonie entre des hommes fort divisés par l'Education ; entre des hommes peu d'accord avec eux-mêmes, par suite du manque d'unité dans le développement de leurs facultés ; entre des hommes ne voyant trop souvent que leurs intérêts immédiats ou celui de leur caste, et, par conséquent, peu enclins à vouloir la conciliation de leur intérêt particulier avec l'intérêt général, conciliation qui est pourtant la glorification du désintéressement que la plupart d'entre eux affectent même de personnifier.

La Politique — au sens philosophique du mot s'entend — doit être étroitement liée à l'Education : l'un des buts de l'Education n'est-il pas de préparer l'accord de l'individu avec lui-même et avec la société ? d'établir ainsi l'accord entre l'intérêt particulier et l'intérêt général ? Et, quel est le but de la Politique sinon de veiller au maintien et au développement de cet accord en s'inspirant de la dignité humaine et en mettant à profit les ressources de la science.

La Politique est, en quelque sorte, l'extension de l'Education intégrale ; comme elle, elle repose sur des données inspirées par la dignité humaine, par l'art et par la science ; et, quand elle est véritable, elle devient au corps social ce que l'hygiène est au corps humain.

Au vieil adage machiavélique *Diviser pour gouverner*, il faut partout opposer la maxime digne : *Eduquer intégralement pour gouverner*.

IV

VERS LA RECHERCHE DES MOYENS SUSCEPTIBLES D'AIDER LA SOCIÉTÉ DANS SON ACHEMINEMENT VERS L'ÉDUCATION INTÉGRALE

PREMIÈRE PARTIE

CHAPITRE PREMIER

De l'acheminement de la société vers l'éducation intégrale.

L'évidence des obstacles auxquels on se heurterait actuellement pour résoudre pratiquement la plupart des questions dont on vient d'envisager les principes n'est point à démontrer. La mise en pratique de ces principes provoquerait une violente perturbation sociale qui demeurerait vaine (1). Toute révolution sociale, pour avoir des résultats équitables, doit être d'abord élaborée dans les cerveaux : c'est l'opinion d'Elisée Reclus, et c'est aussi l'indication du bon sens.

C'est donc dans les cerveaux qu'il faut faire l'élaboration de l'application de ces principes ; ainsi, on acheminera la société vers l'éducation intégrale. Quelque lent ou quelque infime que ce moyen d'action sociale puisse paraître, il peut néanmoins devenir tout-puissant : *ce qui permet les débuts effectifs d'une entreprise en laisse espérer l'achèvement.*

---

(1) « On peut dire jusqu'à maintenant qu'aucune révolution n'a
« été absolument raisonnée, et c'est pour cela qu'aucune n'a
« complètement triomphé. Tous ces grands mouvements furent
« sans exception des actes presque inconscients de la part des
« foules qui s'y trouvaient entraînées et tous ayant été plus ou
« moins dirigés, n'ont réussi que pour les meneurs habiles à
« garder leur sang-froid. C'est une classe qui a fait la réforme
« et qui en a recueilli les avantages, c'est une classe qui a fait la
« Révolution française et qui en exploite les profits, mettant en
« coupe réglée tous les malheureux qui l'ont servie pour lui pro-
« curer la victoire. — Et de nos jours encore, le « quatrième
« état », oubliant les paysans, les prisonniers, les vagabonds, les
« sans-travail, ne court-il pas le risque de se considérer comme
« une classe distincte et de travailler non pour l'humanité mais
« pour ses intérêts ? » *L'Evolution, la Révolution et l'Idéal anar-chique,* ELISÉE RECLUS, Stock, éditeur, Paris.

CHAPITRE II

De l'établissement de l'éducation intégrale. — Prédominance morale de la femme dans la famille et dans la société. — C'est
à la femme que l'on doit s'adresser pour élaborer d'abord dans
les cerveaux une révolution sociale pacifique, en vue de substituer aux principes actuels d'éducation sociale les principes
d'éducation intégrale.

Pour établir l'éducation intégrale, il faut remplacer
les principes actuels d'éducation sociale par les principes d'éducation intégrale. La substitution de tout un
ensemble de principes sociaux à un autre ensemble de
principes différents est l'œuvre d'une révolution.

Mais une révolution raisonnée, pacifique et conforme
au bien-être moral et matériel de tous ne saurait

d'abord s'accomplir que dans tous les cerveaux et pas autrement que par voie d'éducation générale ; ce qui revient à dire que c'est aussi par voie d'éducation que l'on peut faire l'application des principes d'éducation intégrale : c'est « l'éducation par l'éducation ; » l'une est le but, l'autre le moyen. Le but, c'est l'éducation intégrale ; le moyen, une éducation sociale préparatoire.

Comment élaborer cette révolution sociale dans les cerveaux, autrement dit, quel est le moyen propre à faire, par une éducation préparatoire, une substitution de principes sociaux ? — Qui dit substitution de principes dit aussi substitution de mœurs car les mœurs sont constituées par l'habitude du plus ou moins d'observance d'un ensemble de règles, ou convenances sociales, se rattachant à des principes admis comme vrais et constituant le code des habitudes des individus et des nations. L'élément qui fait les mœurs est naturellement propre à substituer des principes sociaux à d'autres principes sociaux.

C'est l'élément moral dominant qui caractérise et qui fait les mœurs. Si l'on ne dit pas couramment que la femme domine moralement la société, on exprime du moins la même idée sous une autre forme en disant *qu'elle fait les mœurs* (1). Aussi, bien que *les hommes fassent les lois*, la femme doit demeurer, dans l'esprit de la plupart, la puissance capable de faire une substitution de principes sociaux. Sa prédominance sur l'enfant suffirait à établir cette domination morale ; et son attachement au culte justifierait assez amplement cette domination puisque la femme demeure encore le meilleur soutien des religions. Cependant, il n'est pas hors de propos de prendre contact avec ce qui est encore susceptible d'établir sa suprématie morale dans la famille et dans la société.

Comme l'invisible arome qui s'exhale d'une plante odoriférante, l'influence morale de la plupart des femmes semble se propager et pénétrer leur entourage. Aussi, de même que pour sentir une odeur, on doit jouir du sens de l'odorat et se trouver dans l'atmosphère où cette odeur se répand, de même pour découvrir ce rayonnement féminin dans la famille, il faut posséder le sens moral et avoir vécu autour de la mère de famille et de la jeune fille.

---

(1) *Les hommes font les lois, les femmes font les mœurs.* De Ségur.

La femme ne cherche pas à mettre sa puissance morale en évidence, *et pour cause...* Dans les ménages où son autorité s'affiche, le mari y devient ridicule, et l'opinion publique la gratifie du *doux* nom de *virago*. Comme l'infériorité de l'époux est ordinairement l'enseigne de l'épouse, celle-ci a assez de coquetterie ou de bonté, de vanité ou de finesse pour vouloir s'effacer. Elle s'applique donc à établir le prestige de son mari car c'est aussi rehausser le sien et l'éclat du nom de ses enfants. Et, plus elle éprouve le besoin d'être la gardienne dévouée de la dignité familiale, plus elle s'attache à exercer discrètement son influence. Aussi, il n'est point rare de rencontrer des personnes qui lui contestent cette suprématie et voient, exclusivement, la prédominance morale de l'homme dans la famille. N'aperçoivent-elles pas le mari à la tête d'une situation sociale dont dépendent le rang de l'épouse, le bien-être et l'avenir de sa famille ? Sans doute, il domine la famille ; mais il la domine politiquement, ou du moins économiquement : il a la charge de la subsistance à laquelle il pourvoit, soit par la gérance de la fortune de la communauté, soit par les ressources de sa profession ou de ses occupations ; en outre, il exerce le pouvoir que lui accordent les lois, les privilèges et les traditions.

Entre deux dominations dont l'une est frappante et l'autre effacée, comment ne pas reconnaître d'abord l'empire de la première sur la seconde? Cependant, de toutes les dominations, c'est la domination morale qui l'emporte.

Par la maternité dont les conséquences morales et économiques atteignent toujours le mari, l'épouse domine le chef de famille. Déjà, l'état de grossesse lui fait redoubler ses égards et ses soins, le préoccupe et le pousse vers un surcroît d'activité : s'il est pauvre, il songe surtout à pourvoir à tous les besoins de la mère et du nouvel être, il économise, il veut travailler davantage ; s'il est riche, il se livre tout entier aux rêves de la paternité. Est-ce que ce redoublement d'égards, ces préoccupations, ces rêveries ne sont pas, chez le mari pauvre comme chez le riche, *la dominante de leur état mental?* Sans doute, et déjà la domination de celle qui va être mère se montre toute-puissante. Devenue mère, toutes les conséquences physiologiques, psychologiques ou économiques de la maternité *absorbent ainsi l'attention du mari au point de le dominer dans ses actions comme dans ses pensées.* Et si, par une rare exception, il n'avait pas encore éprouvé la domination morale de sa femme, désormais, il la subirait par l'enfant.

Puis, cet enfant, s'il est mâle, c'est pour se jeter dans les bras d'une autre femme qu'il quitte sa mère : par sa bien-aimée ou par la femme que l'amour ou le vice font sienne, cet « atome de peuple » participe de la moralité ou de l'immoralité de la femme. La femme entre si intimement dans la substance de ses pensées qu'elle devient le mobile de la plupart de ses actions : « Cherchez la femme » n'est point une illusoire formule.

L'amante, fiancée mystique ou charnelle ; l'épouse ou la courtisane le subjuguent et, comme sa mère, lui marquent souvent sa place dans le monde. Du désir de l'œuvre de chair que ses attraits donnent à l'homme, et de cette œuvre, où elle est le bon ou le mauvais génie de l'espèce humaine, dépendent la moralité, la beauté sociale, comme aussi la décadence, la prospérité et le génie même d'un peuple.

De sa morale, la femme fait l'homme comme elle le fait de sa chair. Ainsi, elle augmente ou diminue le patrimoine moral des générations. Sa « marque » devient ineffaçable.

La femme domine donc moralement la société, cet immense groupement de familles, et, par voie de conséquence, les mœurs familiales et sociales. Ainsi, sa suprématie morale exercée sur la famille, sur la société, sur les mœurs familiales et sur les mœurs sociales justifie l'aphorisme de Condorcet *La femme fait les mœurs.*

Si l'on se rappelle que les mœurs se forment par la manière de vivre et d'agir selon les influences ataviques ou héréditaires et selon les habitudes et les connaissances acquises par l'éducation et l'expérience, on reconnaîtra que ce mode de vivre et d'agir, qui participe si activement au travail de la constitution des mœurs, a aussi une influence décisive sur l'éducation et que, par conséquent, l'éducation morale et l'éducation sociale, à leur tour, sont pour ainsi dire faites par les mœurs.

Puisque la femme fait les mœurs et que les mœurs ont aussi une puissante influence sur l'éducation, la femme est l'élément capital à l'aide duquel on peut élaborer dans tous les cerveaux les principes d'une révolution pacifique en vue de substituer aux principes actuels d'éducation sociale les principes d'éducation intégrale.

CHAPITRE III

De l'action morale et sociale de la femme.

Si la femme n'est pas avec nous dans les armées qui courent aux frontières, ou, comme nous, le soldat qui se bat dans les rues pour la justice ou pour la liberté, son attitude, son geste de déesse aimante ou courroucée la met en nous ; aussi, tel qui ne croit plus à la Madone chérie des matelots, ou que les chefs-d'œuvre des Beaux-Arts n'émeuvent plus, marcherait bravement à la mort, au souvenir d'une femme aimée.

La puissance de son pouvoir moral et éducateur doit donc être la substance même des méditations d'une foule de penseurs. Aimé Martin (1) aperçoit la civilisation par la femme. *C'est à l'éducation des femmes qu'il faut s'adresser*, a dit Michelet, *car chaque mère est une école*. Et, un savant philosophe, Leibnitz, s'est écrié : « J'ai toujours pensé qu'on réformerait le genre « humain si on réformait l'éducation de la femme. »

Sans doute, ces penseurs se sont convaincus qu'en organisant la force morale de la femme, on parvien-drait à multiplier son pouvoir moral et social, et, par suite, à transformer moralement et politiquement la société tout entière. En outre, envisageant l'amour bien au dela du « *contact de deux épidermes* » (2), ils ont découvert qu'il est « *le principe créateur de toute chose* » (3). S'il fait plutôt agir l'homme en vue de la vanité ou de la gloire, il transporte la femme vers des fins immédiatement profitables à la vitalité même de l'individu. Et si, par l'enfantement, la femme est

---

(1) Enfants, dit-il, elle nous élève ; homme, elle nous ins-pire ; l'amour d'une maîtresse ou d'une épouse achève notre des-tinée.

(2) On se rappelle la définition de Chamfort : « L'amour est le contact de deux épidermes ».

(3) BAUBIN.

l'*ouvrier* de l'amour, par son rayonnement maternel, elle en devient l'*ouvrier d'art*, souvent l'*artiste*.

Dans toute œuvre effective d'éducation, il y a une abnégation qui est une œuvre d'amour véritable. La valeur éducative s'établit par la somme d'amour dépensé par l'éducateur; et la femme, en prodiguant plus que l'homme « cette abnégation ardente », vaut plus que lui en éducation sociale. La maternité, d'ailleurs, rend immense l'horizon de ses penchants familiaux et la dote d'une humanité que l'homme ne saurait jamais atteindre.

Aussi, des penseurs, poètes ou savants, devaient entrevoir la réforme du genre humain par la femme : les uns en la voyant « flamboyer » d'amour pour l'humanité entière, et les autres en découvrant dans la physiologie de *son action sociale* une seconde maternité. Dans « cette autre maternité », la femme élaborerait les révolutions comme elle « geste » l'enfant.

CHAPITRE IV

De ceux qui ne considèrent point la femme comme un élément
de progrès. — Cause de la plupart des griefs contre la femme.

Ceux qui ne considèrent point la femme comme un
élément de progrès ne peuvent assurément admettre
les conclusions précédemment admises : « que la
« femme est l'élément capital à l'aide duquel on peut
« d'abord élaborer les principes d'une révolution paci-
« fique, en vue de substituer aux principes actuels
« d'éducation sociale les principes d'éducation inté-
« grale ».

6

Ils voient dans la femme trop de sensibilité et de faiblesse physique, morale et mentale pour croire efficace son action sociale. S'ils l'envisagent au point de vue de l'éducation qu'elle est susceptible de recevoir, ils s'attardent à la considérer dans quelque illogisme ou dans quelque perfidie, en oubliant de reconnaître les mêmes défauts chez l'homme. Quand ils scrutent celles réputées *très bien élevées*, ils en découvrent, quelquefois, de si perverses qu'ils en concluent que le vice est inné chez la femme et qu'aucun genre d'éducation ne peut lui donner une supériorité réelle.

Ce qui cause ces griefs provient généralement :

I. — Du régime de l'internat scolaire, qui engendre chez les deux sexes des vices antisociaux, parmi lesquels on trouve les perversions unisexuelles ; c'est « le régime hors nature » puisque, sauf quelques exceptions, il ne fait pas de l'Ecole un véritable foyer où les futurs pères, où les futures mères pourraient s'initier à la vie sociale, ce mode ultérieur de leur existence. Et, on ne l'ignore pas, c'est le plus ou moins d'équilibre moral et intellectuel qu'ils ont acquis pendant cette période de la vie qui, généralement, prépare soit leur futur bien-être, soit leur futur mal-être.

II. — De l'infériorité encore trop grande de l'éducation générale de la femme.

III. — Des unions matrimoniales traitées commercialement. Ainsi, tantôt la femme épouse sans affection un homme de son rang ou de son âge, tantôt la jeune fille « est livrée à un vieillard ».

IV. — De la caserne, où le soldat, ce futur père de famille, se fait encore, par tradition, une idée grossière de la femme.

V. — Du code civil, qui entrave la liberté de la femme et qui incite l'homme à l'opprimer.

VI. — Des mauvaises coutumes du mari : habitudes de soudard dans l'intimité ; abandon du foyer pour se récréer au cercle ou au cabaret. De la prostitution, on peut dire, car de cette plaie sociale proviennent toutes les maladies secrètes que l'épouse contracte de l'époux. Ces habitudes ou ces infections rendent difficile, sinon impossible, l'accomplissement des devoirs de la femme.

Si le vice se trouvait chez une femme qui, au milieu de la société actuelle, aurait été intégralement éduquée

et mariée selon son cœur, on comprendra aisément
que, avant d'attribuer cette tare à l'hérédité ou à l'atavisme, on devrait en chercher l'origine dans les différents milieux sociaux où elle a vécu. On trouverait
ces milieux encore imprégnés d'éducation conven-
tionnelle et comparables, en résultats, à ceux dus au
phénomène qui se produit fréquemment et fortuite-
ment chez une famille de plantes (1), à l'époque de leur
floraison. Si dans une région où l'on se livre à l'api-
culture, deux espèces de ces plantes sont placées trop
près, l'abeille butinant va de l'une à l'autre ; et quand,
de sa charge, elle laisse échapper quelques parcelles du
pollen des fleurs de l'une de ces espèces dans le calice
de celle de l'autre, les fruits, issus de ces fleurs où
l'abeille a versé de son butin, se trouvent ainsi abâ-
tardis. De même que les fruits provenant du mé-
lange de ces deux poussières fécondantes sont mauvais
ou moins savoureux, de même les femmes les mieux
élevées perdent fatalement de leur valeur ou se per-
vertissent au contact d'un monde imbu de préjugés
ou dégénéré.

Ainsi, la plupart des causes qui engendrent les re-

---

(1) Les cucurbitacées.

proches faits à la femme ne résident point en elle. Que ces causes disparaissent, et la femme sera même envisagée — sans trop d'ironie — comme « l'habile ménagère » du progrès, par ses plus ardents détracteurs.

DEUXIÈME PARTIE

DE L'AUGMENTATION DU POUVOIR SOCIAL DE LA FEMME

La femme vient de nous apparaître comme le principal artisan d'une révolution sociale pacifique parce qu'elle est l'élément moral dominant capable de faire une révolution dans les mœurs, et, par suite, dans les cerveaux, puisque modifier les mœurs, c'est établir de nouvelles habitudes qui peu à peu influent sur la manière de penser. *Comment augmenter son pouvoir en vue de lui permettre d'accomplir cette révolution est la donnée des indications qui vont suivre.*

I

CHAPITRE V

La puissance sociale de la femme et l'éducation.

L'éducation véritable augmente le pouvoir moral de toute personne qui la reçoit. Si donc l'on hausse le niveau actuel de l'éducation de la femme, on élèvera aussi le degré de sa puissance familiale, sociale et éducative. Et sa domination morale deviendra plus éclairée.

Avec plus d'à-propos, l'on ne saurait donc redire, avec Leibnitz, que *la réforme de l'éducation de la femme peut amener la réforme du genre humain*. Ainsi pense une foule de gens clairvoyants ; et des législateurs ont contribué à la réalisation de cette pensée en instituant des collèges et des lycées de jeunes filles. Il y a aussi des personnalités éclairées du monde religieux qui songent à élever l'éducation de la femme : « Si, dit un « prélat (1) américain, Mgr Spalding, l'on tient au *pro-*

---

(1) « L'éducation, dit-il, n'est que le moyen par où les forces « constitutives de l'être humain sont affermies, développées et « mises en œuvre. Si cela est bon, alors l'éducation elle-même « est bonne, et la plus complète sera la meilleure, tant pour la « femme que pour l'homme. Ce qui intéresse l'un, intéresse « l'autre, ce qui est avantageux à l'un, l'est aussi à l'autre. La « femme n'a pas moins que l'homme besoin d'un esprit vigoureux « et ouvert, capable de former des concepts définis et des juge- « ments droits, de déduire des prémisses, une conclusion logique, « de peser l'évidence et d'estimer une preuve à sa valeur. Encore « plus que les hommes, les femmes ont besoin d'être soutenues « si on leur permet de vivre dans les hautes et sereines régions « dont l'étude de la philosophie, de la poésie, de l'histoire et des « sciences leur ouvrira les portes toutes larges ; car les femmes « vivent, semble-t-il, plus que les hommes dans le présent, elles « se laissent plus facilement dominer par les sensations, et une « plus forte instruction, en leur permettant davantage le passé et « l'avenir, communiquerait à leur être entier plus de calme, de « profondeur et de pureté. »

« *grès*, il faut que l'intelligence des femmes reçoive une
« culture plus complète. »

Puisque la femme domine moralement la famille,
la société et l'éducation familiale et sociale, il en résulte qu'elle doit être très éclairée et que l'importance

------

Puis, il ajoute encore :

« Ne soyons pas si aveugles que de méconnaître les dons de la
« femme. Ne soyons pas de ceux qui se demandent s'il ne vau-
« drait pas mieux qu'elle fût simple d'esprit; de ceux qui pensent
« qu'une femme de peu d'instruction peut seule devenir bonne
« épouse, bonne mère. Si l'œuvre de l'ignorance est, comme dit
« Gœthe, horrible à voir, combien plus horrible n'est-elle pas
« quand c'est une femme qui l'accomplit chez elle ou à l'école.
« Dans toute société, celui qui est plus bas tend à faire tomber
« celui qui est plus haut, car descendre est aisé, monter est difficile.
« Une femme ignorante obscurcira l'esprit de son mari et de ses
« enfants, tandis qu'une femme intelligente stimulera vigoureuse-
« ment leur activité personnelle. Un esprit éclairé répand natu-
« rellement la lumière, une âme généreuse engendre l'amour,
« *un noble caractère en crée d'autres à son image. L'éducation amé-*
« ricaine, qu'elle soit donnée par l'État ou par les diverses socié-
« tés religieuses, est de plus en plus entre les mains des femmes ;
« *si donc, l'on tient au progrès, il faut que l'intelligence des femmes*
« *reçoive une culture plus complète.* A ceux qui en sont encore à
« trouver absurde qu'on réclame pour les femmes l'éducation su-
« périeure, rappelons que durant des siècles on a trouvé inutile
« qu'elle en reçussent d'aucune sorte. »

Extrait de l'*Éducation supérieure des femmes*, traduction de
l'abbé F. Klein, Bloud et Barral, éditeurs.

do lui donner une éducation supérieure n'est pas à démontrer.

Lui assurer une culture plus complète, c'est la rendre capable d'influencer plus heureusement la société tout entière ; et, c'est aussi développer puissamment le meilleur des moyens propres à aider les peuples à s'acheminer vers une Révolution sociale pacifique et équitable.

CHAPITRE VI

Questions qui se posent au sujet de l'éducation supérieure de la
femme. — *D'une œuvre post-scolaire.*

Rappeler l'importance qu'il y a de bien éduquer la
femme implique une indication sur les moyens d'augmenter son pouvoir social par l'éducation. Si l'on doit
proposer des modifications importantes à son éducation scolaire, quelles seront ces modifications ? Si l'on
préconise une éducation nouvelle, que sera-t-elle ? Si,
en dehors de l'éducation scolaire, on ne peut proposer
que des moyens d'acheminement vers une éducation

sociale supérieure, quels seront ces moyens? Voilà les questions qui se posent.

On ne saurait croire à la complète efficacité du mode d'enseignement actuellement suivi dans les collèges et les lycées de jeunes filles puisque l'éducation qui en résulte est généralement reconnue insuffisante. D'autre part en France, il est inutile de recourir encore à de nouveaux programmes scolaires : si l'enseignement secondaire de garçons reste aussi à réformer, c'est surtout à cause de son système (1) vicieux d'éducation intellectuelle, et non pas à cause de son programme qui peut rivaliser avec les meilleurs de l'Europe.

Quant à songer à la réforme complète et immédiate d'un système d'éducation nationale, il faudrait ignorer la force des principes sociaux, qui se révèle dans les habitudes ou, pour ainsi dire, dans le sang par l'action de l'hérédité, ou de l'atavisme de longs siècles d'éducation empirique, pour croire à la possibilité de faire une substitution de ces principes sans le secours d'un long travail dans les mœurs, « l'équivalent d'une Révolution sociale ». Autant un programme ne traduit que la con-

---

(1) Dans son remarquable livre : *La Psychologie de l'éducation*, M. G. Le Bon indique les vices de notre Enseignement.

ception des besoins d'un moment, autant les principes qui émanent des mœurs sont généralement l'acquis d'au moins une génération, quand ils ne sont pas l'œuvre de quelques mille ans de vie ancestrale. D'un trait de plume on supprime un programme ; et il n'y a que l'œuvre du temps qui crée ou qui efface un principe social. Aussi, actuellement, il convient d'agir en dehors des programmes d'enseignement scolaire et d'abandonner tout projet de réforme immédiate. On arrive ainsi à concevoir l'à-propos d'une œuvre d'instruction et d'éducation post-scolaires, d'abord parce qu'on n'a pas à s'attarder à réclamer des réformes à l'État, et qu'ensuite, s'adressant à des adultes, on peut agir sans restriction et avec efficacité, s'il est vrai que la liberté se trouve indispensable au succès de toute œuvre éducative dont la base est la vérité intégrale.

Que pourrait-on actuellement sans une *œuvre post-scolaire* ? — Rien, ou peu de choses : c'est dire toute l'importance de ce que l'on peut obtenir par « cette œuvre d'instruction, d'éducation et d'études sociales. »

CHAPITRE VII

De l'augmentation du pouvoir social de la femme par l'éducation
post-scolaire. — L'œuvre féminine d'éducation post-scolaire.

I

L'élément qui donne la vie et qui fait les mœurs a
naturellement pour rôle de préparer à la vie sociale et
d'entretenir cette vie. De sorte qu'il sera toujours
éminemment utile de développer, au profit de la
femme, une œuvre d'éducation sociale complémentaire.

Et, ici où l'on songe à l'augmentation du pouvoir

social de la femme, il devient fondamental de vouloir l'éduquer supérieurement dans son premier grand rôle, qui est de préparer rationnellement l'enfant et, par suite, la société entière à la vie sociale intégrale.

En supposant ce point résolu, la femme pourrait-elle en recueillir tous les avantages ? — Non, car elle serait encore gênée (la plupart du moins) par les entraves qu'apportent, dans sa situation, certaines particularités résultant du mode actuel de travail (1), et surtout par l'insuffisance de la rétribution de son labeur. Pour que, par l'enfant, elle puisse initier rationnellement et surtout dignement la société à la vie sociale, il faut qu'elle arrive à posséder un plus grand pouvoir social. *Et son savoir spécial, qui constitue le premier point, ne peut valoir que par la possibilité matérielle qu'elle aura de l'appliquer.*

Cette raison, si évidente, annonce le second point

---

(1) Les particularités les plus typiques des vices de quelques procédés de travail se présentent dans le « sweating system », système d'après lequel des ouvrières de la couture travaillent pour un salaire dérisoire et pendant plus de douze heures par jour dans un local insalubre. Ces ateliers, pour la plupart, familiaux et clandestins, échappent encore à l'inspection du travail.

fondamental de son éducation sociale, dont le but, résidant dans l'éducation de ses efforts, est, sinon d'arriver immédiatement à hausser le salaire et à supprimer les imperfections se rattachant à l'organisation du travail de la femme, de parvenir, par une combinaison d'efforts, à réduire les vices résultant du mode actuel du travail et à parer à l'insuffisance du salaire, deux causes générales de l'infériorité de la femme.

II

Le premier point d'éducation sociale est, à lui seul, une grande œuvre dont on ne saurait en montrer toutes les conséquences. Il est complexe, quoiqu'il soit presque courant de croire que d'instinct la femme puisse accomplir une tâche qui lui est si naturelle : plus la vie se trouve modifiée par le travail incessant du progrès, plus cette éducation première devient une œuvre de création sociale qui, embrassant de plus en plus de nouvelles connaissances, exige aussi des éducateurs plus habiles et plus libres. Il est à prévoir que le développement progressif de la science et, par suite, des immenses transformations économiques qui augmentent encore le besoin de spécialisation, contraindront aussi la femme à se limiter plus strictement au rôle de mère, d'éducatrice, d'intendante et d'*artiste familiale*, c'est-à-dire à se spécialiser uniquement dans les fondements mêmes de la vie sociale. Ainsi, la spécialité naturelle et primordiale de la femme, que des causes économiques et morales lui ont partiellement fait perdre, lui retournera vraisemblablement (1) par l'élaboration plus parfaite de cette même gigantesque évolution qui la fit égarer dans des voies si diverses et si peu connues d'elle-même.

III

Développer chez la femme tout ce qui peut constituer le meilleur fondement de son savoir et de son

---

(1) « Le progrès social réel paraît consister en ce que la femme soit de moins en moins occupée à la production proprement dite, surtout à la production extérieure, *et de plus en plus à la direction et au contrôle de la consommation.* Ce progrès ne peut s'effectuer d'une manière absolue ; toujours nombre de femmes seront occupées dans la production extérieure, mais c'est l'idéal auquel on doit tendre. »

PAUL LEROY-BEAULIEU.

pouvoir social dans un rôle aussi capital que celui de la préparation de l'enfant à la vie sociale, et travailler à la suppression des entraves qui lui enlèvent une partie de son pouvoir d'action sociale, apparaît être le but essentiel de l'œuvre générale de son éducation post-scolaire.

L'œuvre post-scolaire n'est plus à créer. Elle se développe activement sous les auspices de l'Etat et sous l'action de l'initiative privée, qui a fondé une foule d'œuvres, laïques ou confessionnelles, et a établi en France un immense réseau de foyers d'éducation sociale. Telle qu'elle est pour les deux sexes, cette œuvre (1) y est donc très importante.

---

(1) Comme l'exposition de cette œuvre post-scolaire n'entre pas dans le cadre de ce livre, nous ne pouvons que nous borner à cette simple indication. Nous rappelons donc les rapports sur l'éducation populaire de M. Edouard Petit, inspecteur général de l'Université, et aussi *l'Education populaire*, ouvrage où son auteur, Max Turmann, complète pour ainsi dire M. Ed. Petit, en ce sens qu'il met surtout en évidence les très nombreuses œuvres catholiques. Dans *Education ou Révolution* de Gabriel SÉAILLES, on trouve aussi une intéressante étude sur l'éducation populaire : *La Philosophie et l'éducation supérieure du peuple ; les Universités populaires*, etc. Enfin, on *est à la veille d'organiser, dans toute l'Armée Française, l'éducation mutualiste et l'éducation professionnelle.*

7*

Mais l'œuvre féminine de cette éducation post-scolaire ne donne cependant pas à la femme l'éducation qu'impliquent les deux points précédemment énoncés. Cette œuvre est pourtant « actionnée » par d'innombrables efforts ; que faudrait-il donc pour qu'avec ces efforts, on pût mieux contribuer à parfaire cette œuvre ? Il faudrait, évidemment, leur donner plus *d'unité d'action et de but* : tous devraient tendre activement vers la réalisation de tout ce qu'impliquent ces deux points fondamentaux, dont l'un consiste dans l'acquisition du savoir nécessaire que la femme doit posséder pour préparer, par l'enfant, la société à la vie sociale rationnelle, et l'autre, dans l'acquisition du pouvoir nécessaire à l'application de ce pratique savoir social. L'un et l'autre semblent marquer ainsi la base de l'activité post-scolaire féminine.

Voici les grandes lignes du premier :

Enseignement spécial a créer ou du moins a généraliser.

Histoire sociale de la femme. — Etude indispensable à l'éducation sociale de la femme puisque toute augmentation de pouvoir personnel repose sur la connaissance de soi–même. Son histoire, au Moyen Age, par exemple, montre que la valeur économique de la femme lui assurerait alors une grande puissance morale.

Enseignement ménager et économie domestique. — Élément fondamental de bien-être et de moralité puisqu'il apprend surtout à réparer, par une alimentation rationnelle, l'usure produite par le travail et à concilier les exigences de l'alimentation rationnelle avec les ressources du chef de famille, ou avec le revenu ou le salaire de la femme isolée.

Nota. — Cet enseignement, qui n'est plus à créer, reste à généraliser comme en Suisse où l'on a su lui donner une base scientifique.

Psychologie générale et psychologie pédagogique. — La complexité de la vie sociale actuelle justifie la première et l'éducation rationnelle de l'enfant, la seconde.

Pédagogie familiale, ou étude raisonnée et pratique de l'enfant sous le quadruple rapport physique, moral, intellectuel et social. — De l'application de cette connaissance dépend naturellement la valeur de l'éducation de l'enfant et, par suite, la valeur de la formation sociale de la société.

Hygiène et médecine usuelle. (Cet enseignement n'est qu'à généraliser.)

Et voici une indication sommaire sur le deuxième :

EDUCATION SOCIALE PRATIQUE. — Le principe en est dans des efforts incessants que la femme doit faire et organiser elle-même pour résoudre pratiquement les questions sociales qui lui sont vitales.

Etude des questions générales, locales ou régionales exprimant les causes qui rendent la femme inférieure. — (Quelques-unes de ces causes viennent d'être mentionnées au chap. IV.)

La femme et le travail. — Etablissement, ou entretien, de la vie sociale rationnelle à l'atelier et à l'usine :

a) *Développement des œuvres féminines actuelles s'y rapportant.* — Quoique ces œuvres (1) soient fort nom-

---

(1) Elles sont exposées dans les ouvrages de M. Max Turmann, auteur précédemment cité.

breuses, nous nous bornons à donner l'esquisse des grandes lignes de *la ligue sociale de consommation,* dont les principes, les résultats et la puissance croissante promettent une solution satisfaisante dans tous les pays.

La première ligue a été fondée à New-York sur l'initiative de la *Working women's society* et a eu comme point initial la résolution suivante :

Un comité sera formé qui donnera son aide à la « Working women's society » pour l'élaboration d'une liste comprenant les magasins qui traitent leurs employés avec justice. Ainsi, l'action et l'opinion publiques pourront encourager l'employeur juste qui fait son devoir et donne à l'employeur juste, mais esclave de la concurrence, le moyen d'agir selon sa conscience (1).

Grâce à cette ligue, beaucoup de directeurs de grands magasins ou d'usines, assurés de la clientèle des membres d'une puissante association militante, peuvent affronter la concurrence et bien rétribuer le travail, réduire la journée à huit heures, observer les prescriptions de l'hygiène dans leurs établissements, et, enfin,

---

(1) Extrait de l'ouvrage de Max TURMANN, *Initiatives féminines,* Lecoffre, éditeur.

être amenés à entretenir avec leurs employés des relations qui, étant l'expression amicale des justes hommages dus aux travailleurs, exaltent leur personnalité et les rendent non seulement plus actifs dans leur tâche, mais aussi plus aimants et plus respectueux des lois de leur pays.

Depuis 1891, cette ligue n'a fait que prospérer. Actuellement, il existe cinquante-trois associations semblables, réparties dans dix-sept États et fédérées sous le nom de *ligue nationale*. Toujours très militantes, ces ligues font, même dans les écoles, une propagande des plus actives. Aussi, les remarquables résultats qu'elles obtiennent donnent à cette ligue nationale une très grande puissance d'action sociale.

Voilà un bel exemple et *de la puissance de l'initiative privée*, et *de la puissance de l'action sociale de la femme*, puissances qui, exprimées par *la ligue sociale des acheteurs* (1), sont en voie d'assurer à la femme plus de dignité, plus de liberté et plus de pouvoir social intelligent.

---

(1) Des ligues sociales de consommation ont été fondées à Paris (1902); en Hollande et en Suisse; d'autres sont sur le point d'être organisées en Italie et en Allemagne.

b) *Moyen nouveau.* — Il consiste surtout dans une institution pratique pour le travail féminin ; il se complète par une féminine association de crédit mutuel et par l'expression de la nécessité qu'il y a de s'appliquer à l'étude de quelques cas spéciaux. Il va être l'objet de la seconde partie de ce livre 1er.

Nota. — Il est à noter que la plupart des questions qui se rapportent à ce deuxième point peuvent trouver leur solution dans les ressources si variées qu'offre la *Mutualité* (mutualité d'efforts moraux, mutualité d'efforts intellectuels, mutualité d'efforts financiers).

IV

En France, « pour cette œuvre complémentaire d'éducation post-scolaire », on peut tirer un excellent parti :

I. — De l'œuvre actuelle d'éducation post-scolaire et de toutes les œuvres s'y rattachant : syndicats féminins, bourse de travail, ligues sociales d'acheteurs, œuvres diverses (1), etc.

---

(1) A noter la création, en 1898, d'une société d'études fémi-

II. — Des Universités populaires.

III. — De l'esprit de la mutualité dont l'œuvre considérable s'affirme comme un excellent mode d'éducation sociale puisqu'elle a déjà su réaliser la solidarité.

IV. — De la Presse, qui, par les grands mouvements d'intelligence qu'elle provoque, se montre apte à concourir à la solution de difficiles questions sociales.

V

Celle œuvre féminine d'éducation post-scolaire et l'Homme. — Faut-il moraliser l'homme pour assurer le succès de cette œuvre? Non, en supposant, toutefois, que rien de ce qui concerne ses devoirs (1) de

---

nines qui *se donne pour but de dégager, de faire connaître toutes les recherches, toutes les expériences faites, toutes les vérités affirmées concernant les tâches respectives de l'homme et de la femme dans l'organisation de la vie individuelle et sociale.* Extrait du rôle social de la femme par Mme A. Lamperrière, Alcan, éditeur.

(1) Ces devoirs sont surtout ceux relatifs à l'éducation familiale : une harmonie d'efforts et de savoir entre le père et la mère est la base de cette éducation.

citoyen n'ait été omis dans son éducation générale ou dans son éducation post-scolaire. A quoi bon lui parler de nouveaux devoirs envers la femme si celle-ci, objet de morale civique, se montrait inférieure. Les vrais devoirs que A. doit à B. ne s'enseignent point par prêche : c'est la valeur de B. qui les lui dicte. Et, la valeur personnelle véritable s'acquiert surtout par l'incessante action que l'individu exerce sur lui-même. C'est donc bien au prix de ses propres efforts que la femme doit encore acquérir une plus grande dignité et un plus intelligent pouvoir social.

II

DE L'AUGMENTATION DU POUVOIR SOCIAL DE LA FEMME PAR LA MISE EN VALEUR DE SA VALEUR PERSONNELLE

CHAPITRE VIII

Du pouvoir social individuel. — De « la rationnelle mise en valeur des valeurs personnelles (1) ».

L'idéal du pouvoir social individuel de l'homme est le pouvoir personnel qu'il aurait d'exercer ses forces au mieux de ses intérêts et de l'intérêt général.

----

(1) Voici comment M. Léon Say a été amené à distinguer ces valeurs : « La valeur, dit-il, créée par le travail s'investit dans « les personnes et dans les choses ; personnes et choses cons-

Mettre l'homme rationnellement en valeur serait d'abord le développer intégralement et, ensuite, l'aider à employer ainsi ses forces.

En l'état actuel de la société, où son éducation intégrale n'est pas souvent possible, on doit surtout se préoccuper de l'emploi de ses forces, ou *valeurs personnelles*. Aussi, par *la rationnelle mise en valeur des valeurs personnelles*, il faut entendre seulement l'emploi des valeurs personnelles au mieux des intérêts de l'individu et de l'intérêt de la société.

Et c'est dans ce sens que nous allons encore chercher l'augmentation du pouvoir individuel de la femme.

« tituent des valeurs selon la nature des agents et des éléments « dans lesquels elles sont incorporées, en *valeurs personnelles*, « immobilières et mobilières. »

CHAPITRE IX

L'augmentation du pouvoir social de la femme et la rationnelle
mise en valeur de sa valeur personnelle

La femme, on le sait, domine moralement la famille, la société et l'éducation ; elle fait les mœurs. Son action sociale est donc capitale. Aussi, toutes les femmes reléguées par leur condition sociale au dessous de l'ordinaire degré de moralité ou de l'ordinaire degré d'activité sociale de la femme normale deviennent des éléments de faiblesse pour leur sexe et des éléments de décadence ou même de démoralisation sociale.

Supprimer ou, du moins, amoindrir les causes principales qui engendrent une telle catégorie de femmes serait évidemment augmenter le pouvoir social de la femme, la prospérité générale et la pureté des mœurs. On augmenterait encore le pouvoir social de la femme :

I. — En s'attachant d'abord à vouloir supprimer ce qui la déshonore le plus.

Alors il faudrait s'ingénier à supprimer la prostitution non pas dans ses apparences mais dans ses causes, qui résident surtout dans l'insuffisance du salaire de l'ouvrière.

Mais alors, en outre de l'œuvre d'éducation post-scolaire précédemment mise en évidence, il faudrait créer :

I. — De nombreux offices régionaux pour organiser le travail féminin : *L'office cantonal du travail féminin.*

Le but de cette institution serait : 1° de mettre en rapport l'employée avec l'employeur ; 2° de veiller surtout attentivement aux intérêts matériels et moraux de la femme ouvrière.

II. — En donnant à l'ouvrière le bien-être matériel et moral que toute femme laborieuse doit avoir.

II. — Une ou plusieurs féminines associations très militantes de *crédit mutuel*. Le but de cette association serait de procurer des ressources suffisantes pour assister la femme dans la recherche de sa mise en valeur.

En veillant non pas de loin en loin mais constamment à tous ses intérêts vitaux.

III. — En s'occupant spécialement d'une catégorie de femmes que ne pourrait atteindre l'action de *l'office du travail féminin*.

Il s'agit des femmes, *une minorité*, dont l'éducation et leur situation sociale les ont éloignées des travaux et des soucis quotidiens du labeur.

A cas spécial,
Moyen spécial.

Voilà trois propositions qui, concourant plus ou moins directement à mettre rationnellement en valeur les valeurs personnelles de la femme, méritent d'être examinées.

I

DE LA SUPPRESSION DE LA PROSTITUTION

La prostitution a pour origine une cause d'ordre moral et une cause d'ordre économique. A en juger par la prépondérance actuelle de la seconde cause sur la première, la prostitution apparaît surtout d'ordre économique. L'éducation peut affaiblir la première et l'organisation rationnelle du travail la seconde.

Quoique, d'après l'ensemble des principes fondamentaux précédemment donnés (1), on puisse conclure qu'une véritable éducation intégrale en supprimerait l'une et l'autre cause, il convient d'examiner brièvement la prostitution dans sa cause économique. Donner un salaire équitable à l'ouvrière serait presque en supprimer la cause économique. Mais, vu l'état actuel du monde, une solution aussi simple en apparence est encore impossible. A cause des internationales rivalités industrielles et commerciales, la question de la rémunération du travail doit être étudiée par toutes les nations jusqu'à ce qu'une universelle entente économique s'ensuive. Il ne faut point perdre de vue que si la prostitution d'ordre moral est une question nationale, la prostitution d'ordre économique est plutôt une question internationale.

Néanmoins, on peut actuellement concourir à la solution partielle de cette importante question :

I. — Par la formation de nouvelles sociétés coopératives de consommation, d'habitation, etc.

II. — Par des moyens tels que ceux préconisés par

---

(1) Donnés sous la rubrique : *Principes de quelques questions à considérer en vue de préparer l'acheminement de la société vers l'éducation intégrale.*

Mme A. Lamperrière dans son *Rôle social de la femme* (Voir notes, livre II, chapitre v) ; par des protestations contre l'odieuse exploitation des ouvrières (1).

III. — Par les actuelles œuvres post-scolaires de jeunes filles (patronages, mutualités, ouvroirs, association d'anciens élèves, etc., etc.).

IV. — Par l'œuvre précédemment exposée, « La nouvelle œuvre d'éducation post-scolaire », et par tout ce qui actuellement peut en aider le développement : l'action des universités populaires, l'esprit de la mutualité, l'action de la Presse, etc. (se reporter au chapitre vii de ce livre I, S. IV).

V. — Par l'actuelle « Association internationale des travailleurs » (société fondée en 1901 ; elle est en voie de rendre de grands services).

VI. — Par des sociétés vraiment militantes d'études féminines.

VII. — Enfin, *par la création de l'office cantonal du travail féminin et d'une féminine association de crédit mutuel.*

---

(1) Une campagne contre l'odieuse exploitation des ouvrières en confection a été entreprise par une œuvre catholique : « Le sillon bordelais ». On en a, paraît-il, indiqué les remèdes ; un syndicat doit se créer.

D'après Max Turmann, *L'Education populaire.*

II

1° DE L'INSTITUTION DE L'OFFICE CANTONAL DU TRAVAIL FÉMININ. 2° D'UNE FÉMININE ASSOCIATION DE CRÉDIT MUTUEL.

1° Pour que cette institution puisse être créée de suite, elle doit être fondée sans le secours financier de l'Etat et n'occasionner qu'une très minime dépense. Il faut donc, à la tête de l'office cantonal du travail féminin, une sorte de « fonctionnaire honoraire, compétent et digne ».

Qui mieux que les éducatrices, qui, pendant un quart de siècle, ont concouru très activement au développement intellectuel et moral de la nation, pourrait servir les intérêts de la famille et de l'Etat ? — Personne. Ce « fonctionnaire honoraire, compétent, digne et zélé », c'est l'*institutrice retraitée*.

Elle peut vite juger du caractère et des aptitudes de la jeune fille ; par son origine populaire elle connaît bien toutes les préoccupations des familles des campagnes ou des villes ; enfin, par son savoir, que sa longue expérience de la vie a rectifié, elle est vraiment le guide éclairé et sûr de l'ouvrière comme elle est aussi la compétente conseillère des familles.

Elle acceptera volontiers la tâche toute honorifique de « Directrice d'office cantonal du travail féminin » : ses besoins d'activité sociale, produits d'un quart de siècle d'activité professionnelle, lui feront même rechercher cette charge. — Elle serait élue à cette fonction par les institutrices communales et les institutrices retraitées du canton.

En obtenant, au profit de la *Direction d'office*, la franchise postale, la franchise télégraphique et la franchise téléphonique, les organes de cette institution du travail pourraient, sans autres secours, débuter da·s leur fonctionnement.

L'office cantonal, auquel doivent se rattacher différentes œuvres féminines, entraîne la création d'offices régionaux et d'un office central, à moins de fondre ces offices avec les Bourses du travail :

Offices régionaux, ou organisation spéciale du travail féminin dans les Bourses du travail. — Leur but est d'étendre le moyen d'action des offices cantonaux et de s'efforcer à maintenir la femme ouvrière dans sa région. Des offices cantonaux seraient donc groupés à un office régional.

L'office central du travail féminin. — De même que pour développer les moyens d'action des offices cantonaux on les groupe à des offices régionaux, de même pour compléter l'action des offices régionaux, il y a lieu de les grouper à un office central. La spécialité de cet office serait l'étude pratique des particularités des offres et des demandes de travail et l'émigration aux colonies françaises.

Moyens d'action. — Actuellement on peut s'aider des Bourses du travail et de l'Office du Travail. On créerait la *caisse cantonale de l'Office du Travail féminin* pour couvrir les frais de bureau et les dépenses exceptionnelles qu'occasionneraient les grandes villes ou les centres industriels. On ferait en sorte qu'à l'école, toute écolière apprît à contribuer à cette œuvre et qu'elle en fît « son œuvre ». Ce serait là une pratique et bien fraternelle leçon de choses démocratiques.

Pour l'assister dans sa tâche, la directrice aurait, outre ses collègues directrices d'office, toutes les femmes titulaires d'un poste dans l'Enseignement et les dames qui, sur leur demande, auraient été agréées *collaboratrices honoraires.*

La mission des collaboratrices honoraires est toute dans le développement de leur variété d'activité généreuse intelligemment coordonnée qu'elles peuvent prodiguer en faveur de l'œuvre à laquelle elles se sont volontairement et cordialement attachées. Et cette activité pourrait s'exercer par des visites mensuelles, par l'organisation de réunions et de récréations familiales, par l'attention attachée aux projets d'avenir des femmes employées, etc.

Les moyens d'actions se résument dans l'honorabilité, la compétence et le dévouement éclairé de toutes les collaboratrices de l'œuvre.

Aperçu d'ensemble. — Les qualifications des directrices et des principales collaboratrices de cette œuvre donnent à cette institution une physionomie populaire de droite et fraternelle démocratie. Quant aux résultats, ils seront considérables tant au point de vue moral qu'au point de vue économique. En veillant à l'intérêt particulier de l'employée, on veille aussi à l'intérêt général de la nation.

En remplaçant l'isolement de l'employée par un lien moral familial qui l'unit à la bienveillance tutélaire d'un groupe de femmes philanthropes et expérimentées, en l'attachant davantage (quelquefois profondément) à sa région, elle sera, pour ainsi dire, contrainte à produire les vertus qui font le mérite de ces concitoyennes *enracinées*. Vue dans son ensemble, *l'institution de l'office cantonal du travail féminin* apparaît au pays comme un précieux instrument d'activité nationale et de révolution pacifique par la femme.

Voilà à grands traits l'ébauche de cette institution à laquelle les Bourses du travail, l'Office du travail et les syndicats peuvent donner leur appui. Il ne convient pas, d'ailleurs, de présenter ici cette œuvre avec le développement que comporte l'exposition d'un projet complet. Qu'il faille envisager cette institution dans ses rapports avec l'Etat (diverses autorisations et des encouragements doivent être demandés à l'Etat) ou qu'il s'agisse de l'examiner dans son développement d'application générale, comme aussi dans son développement d'application particulière, l'exposé définitif du projet de cette œuvre est tout à fait secondaire dans le présent ouvrage dont le but est *une indication générale*.

2° *D'une féminine association de crédit mutuel.* — Le titre de cette association en indique clairement le but. En raison de sa nature, cette association ne peut guère provenir que des résultats d'une œuvre de longue haleine; aussi, en voyons-nous l'embryon dans *La caisse cantonale*.

« L'office cantonal du travail féminin » engendrerait cette association mutuelle, sorte de fédération économique, qui arriverait à constituer un corps social de crédit dont la mutualité morale et la mutualité intellectuelle en deviendraient l'âme.

III

A CAS SPÉCIAL MOYEN SPÉCIAL

Il s'agit de s'occuper spécialement d'une catégorie de femmes que l'action de l'« Office du travail féminin » ne peut atteindre. Appartient à cette catégorie, toute femme dont l'éducation et la situation l'ont tenue éloignée du travail régulier ou des soucis quotidiens du labeur et qui, par un revers de fortune, se voit privée de sa situation sociale. Plus difficile à satisfaire que la femme accoutumée aux travaux courants, elle est évidemment plus menacée d'une déchéance certaine que ne l'est celle *habituée* au travail quand, comme elle, elle perd sa situation. Et si la chute d'une femme du peuple passe presque inaperçue, la sienne a une telle répercussion morale qu'elle entraîne fatalement de semblables actes de détresse. Aussi, quiconque sait voir l'ensemble de ces faits conclut qu'il en est de l'expansion de la désagrégation morale et sociale comme il en est de la propagation du luxe : ce sont les riches qui les premiers s'y adonnent, puis les gens aisés, puis le peuple les imite ; et, bientôt le luxe se trouve partout répandu. Comme la lumière, le luxe vient d'en haut : la décadence aussi.

En raison de l'influence prépondérante de la femme sur les mœurs, « ces femmes en détresse créent un danger » social ; et un danger de bien plus grave importance que celui qui est produit par la catégorie correspondante d'hommes également éprouvés par l'infortune. Que l'une d'elles sombre, et la prostitution discrète, presque « familiale, » a un agent de plus. Ainsi, une telle « dévoyée » devient un élément de désagrégation sociale d'autant plus puissant que, par son bon ton, elle se répand parmi l'élite de la société.

L'importance qu'il y a à secourir ces « femmes en détresse » est donc d'évidence manifeste. Aussi, dans l'intérêt de la société, il importe de s'occuper consciencieusement de la rationnelle mise en valeur de leurs valeurs personnelles en vue de faciliter la continuation de leur vie sociale normale.

Aider « cette intéressante minorité de femmes », ce sera entreprendre une œuvre qui, à la longue, donnera d'excellents résultats. Les difficultés apparaissent d'autant moins insurmontables que ces femmes sont en très petit nombre. Néanmoins, on ne se dissimule pas qu'une telle question peut rester longtemps irrésolue ; mais, que les *intellectuelles* veuillent bien s'adonner à son étude en coordonnant les lumières de leur intelligence *avec cette ardeur du cœur qui a fait entreprendre à la femme tant d'innombrables œuvres de bien*, et cette difficile question pourra être facilement résolue (1).

------

(1) Ayant eu à envisager la présente question dans une étude générale sur la mise en valeur des valeurs personnelles, nous nous permettons d'annoncer cette étude : *De la mise en valeur de soi-même par soi-même*, comme un ouvrage où l'on trouvera quelques indications pratiques se rapportant à ce cas spécial de mise en valeur.

C'est après dix ans d'attente que nous allons présenter ce travail et que nous l'osons croire de quelque utilité publique. Quand on y notera l'évidente possibilité de mettre pratiquement au jour les valeurs personnelles et, ensuite, la possibilité de faire à la fois connaître publiquement et discrètement ces valeurs dans une *certaine exposition* où, parmi des milliers d'intéressés, elles peuvent être dûment appréciées, soit en vue du commerce ou de l'industrie, soit en vue du crédit personnel comme aussi en vue du mariage, on verra que la mise en valeur pratique, rapide et rationnelle des valeurs personnelles, loin d'être une chimère, est d'une réalité assez évidente.

CHAPITRE X

De la rationnelle mise en valeur des valeurs personnelles de la
femme et de l'acheminement de la société vers la Révolution
sociale équitable et vers l'éducation intégrale.

De ce qui précède on peut conclure que le moyen
rapide d'augmenter le pouvoir social de la femme consiste surtout dans *la rationnelle mise en valeur des
valeurs personnelles féminines.*

Et cette mise en valeur est aussi de nature à contribuer *à l'acheminement de la société vers la révolution
sociale équitable et vers l'éducation intégrale.* Mettre
rationnellement en valeur les valeurs personnelles de

la femme, c'est, en effet, augmenter son pouvoir social dans le sens de cette Révolution et de cette éducation : dans le sens de la révolution équitable car tout ce qui influe favorablement sur l'appréciation et sur l'emploi des forces personnelles modifie ou révolutionne heureusement la vie sociale ; dans le sens de l'éducation intégrale car employer rationnellement les forces personnelles, c'est évidemment s'acheminer vers l'éducation intégrale puisque le but de cette éducation comporte l'emploi le plus rationnel des forces individuelles.

Il va donc sans dire que plus on mettra rationnellement en valeur les valeurs personnelles de la femme, plus on augmentera son pouvoir dans le sens de la Révolution sociale équitable et de l'éducation intégrale ; plus, aussi, on créera, des habitudes qui, sans égaler la valeur des qualités ataviques, prépareront néanmoins, cette révolution et l'éducation intégrale.

CHAPITRE XI

De l'objet du vouloir de la femme.

S'il est vrai que la volonté demeure l'artisan principal du pouvoir moral, le futur pouvoir social de la
femme sera surtout l'œuvre de sa propre volonté.
L'augmentation de ce pouvoir suppose donc le développement de son vouloir.

Puisque par la rationnelle mise en valeur de ses
valeurs personnelles on augmente de suite son pouvoir
social et que, d'autre part, on contribue ainsi à l'acheminement de la société vers la révolution sociale équitable et vers l'éducation intégrale, *vouloir cette ration-*

nelle mise en valeur devient surtout le but de son vouloir.

Elle qui domine déjà la société et l'éducation, et elle qui fait les mœurs, elle a le pouvoir de vouloir ainsi. *Qu'elle veuille donc.* Et, quand quelques milliers de femmes seront surtout pénétrées du même vouloir, et de savoir, comme le sont actuellement dans tous les pays un certain groupe de femmes d'élite, elles sauront, comme Mme Vincent (1), par exemple, qui s'est passionnément vouée à l'élévation de la femme, que tout travail consacré à l'élaboration de leur propre dignité, active assez rapidement le développement de leur personnalité individuelle comme aussi de leur personnalité collective et contribue au triomphe de la cause de la femme, cause qui inclut l'expansion de la vie sociale intégrale pour tous.

---

(1) Elle est, sans doute, trop universellement connue pour qu'il soit nécessaire de la présenter aux lecteurs auxquels le présent livre s'adresse. Toutefois, nous nous permettrons de rappeler ses vastes connaissances spéciales. « Si, écrit Marie Daubresse dans la *Revue Bleue*, elle n'était pas aussi profondément engagée dans la lutte, une seule femme pourrait écrire l'*Histoire du féminisme*, c'est Mme Vincent. Elle lui a consacré son temps, son intelligence nous devrions dire sa vie ».

CHAPITRE XII

De la puissance de l'intérêt sur le vouloir. Toute question sociale se condense dans le seul mot : « Intérêt ». — Développement du vouloir de la femme par la connaissance plus grande de son intérêt : *le savoir fait le vouloir.*

I

Qu'est-ce qui porte la volonté à exiger plutôt la satisfaction de tel besoin que celle de tel autre ? — L'intérêt, assurément. Si les besoins provoquent la volonté, souvent l'intérêt, lui, la commande.

L'intérêt est cette puissance universelle qui agit sur la volonté des hommes ; il les unit ou les divise. « Si.

dit Helvétius, l'univers physique est soumis aux lois du mouvement, l'univers moral ne l'est pas moins à celles de l'intérêt. L'intérêt est donc sur la terre le plus puissant enchanteur qui change aux yeux de toutes les créatures la forme de tous les objets. » D'autre part, les économistes s'accordent avec les philosophes pour reconnaître que les hommes agissent toujours en vue de satisfaire leur intérêt personnel ou l'intérêt général. Et, c'est dans l'intérêt même que l'on doit toujours chercher les principes de l'organisation raisonnée des sociétés. Aussi, toute la question sociale se condense dans le seul mot « INTÉRÊT » « Accorder l'intérêt de tous avec l'intérêt de chacun, et réciproquement » reste l'énoncé d'un problème considéré comme insoluble ; pourtant, on devra toujours s'appliquer à le résoudre.

II

Dans la rationnelle mise en valeur des valeurs personnelles féminines réside surtout l'intérêt particulier ou l'intérêt général de la femme, quand toutefois cette « mise en valeur » ne renferme pas à la fois son intérêt particulier et son intérêt général. Aussi, cette ra tionnelle mise en valeur intéresse toute femme, directement ou indirectement : directement, la femme qui a besoin d'avoir recours au travail quotidien pour subsister ; indirectement, la femme indépendante par la fortune mais de sentiments assez élevés pour se sentir moralement atteinte dans la dignité de son sexe chaque fois que la femme est frustrée des fruits de son labeur, qu'elle souffre injustement ou que le vice l'a rendue abjecte. *Ainsi senti*, l'intérêt féminin a pu donner naissance au *mouvement féministe* qui, depuis un demi-siècle, montre par de nombreux faits (1) le développement du vouloir de la femme dans le sens d'une révolution sociale équitable.

III

Tout intérêt qui, par son développement, peut améliorer sensiblement la situation de la majorité des hommes a une action efficace sur le vouloir de ces hommes, quand cet intérêt leur est nettement repré-

____

(1) Voir livre II, chap. vii : « Quelques résultats politiques du pouvoir et du vouloir de la femme, ou *simple donnée sur ce que la femme peut socialement quand elle veut.*

senté. Et, le jour où eux-mêmes se le représentent bien, ils sont prêts à vouloir s'organiser en vue d'anéantir tous les obstacles qui les empêchent de jouir des avantages de son développement : c'est quelquefois l'aube d'une révolution sociale ; et, ce peut être aussi la révolution sociale elle-même, quand la représentation et l'organisation de cet intérêt deviennent tout à fait sensibles.

C'est donc grâce à sa claire mise en évidence qu'un intérêt universel se dévoile à toutes les intelligences ; devenu ainsi *éclatant*, il peut s'imposer à tous par sa vive représentation qui, devenant une forte image motrice, met la volonté en action. Bien savoir, bien sentir, c'est mieux vouloir.

C'est un peu parce que l'intérêt de la femme n'a pas été mis assez nettement au jour que le mouvement féministe n'a point la puissance qu'il pourrait avoir. La volonté de la femme instruite ne vacillera pas au sujet de son intérêt personnel et collectif quand une exposition claire en rendra la représentation sensible.

Le fonds féminin de bonté ardente et sublime, *ce même fonds d'où tant d'œuvres de charité et d'amour sont sorties*, commencera bientôt à produire, par suite du développement toujours plus intégral de la femme, quelques penseuses qui sauront, les unes par l'art littéraire, les autres par la science économique et sociale, montrer « génialement » l'intérêt particulier et l'intérêt général de la femme. C'est alors que les femmes sauront toutes mieux vouloir, d'abord, parce qu'elles auront toutes l'élément fondamental du progrès de la volonté, *le savoir*, et, ensuite, parce qu'elles auront cet autre élément précieux du vouloir, « le but senti ». Alors, CE QUE FEMME VOUDRA, FEMME POURRA.

LIVRE II

VERS L'HUMANITÉ NOUVELLE

I

VERS UN CONTRAT SOCIAL NOUVEAU
L'HUMANISME. L'HUMANISME
ET LA FEMME. SIMPLE DONNÉE SUR CE
QUE LA FEMME PEUT SOCIALEMENT
QUAND ELLE VEUT.

CHAPITRE PREMIER

Vers un contrat social nouveau.

On semble ignorer que l'une des causes capitales des
révolutions, ainsi que l'agitation de la question sociale,
résident dans la fausse estimation des valeurs personnelles et, par suite, dans l'emploi irrationnel de ces
valeurs. La question d'évaluation des valeurs personnelles et l'indication de leur fonction, qui en est la
conséquence, est presque aussi vieille que le monde,
puisque dès la formation des sociétés les hommes eurent besoin, d'abord d'évaluer leurs forces individuelles
afin de les employer au mieux de leurs intérêts

collectifs, ensuite, de les augmenter et de les perfectionner.

Dans l'une dès plus antiques constitutions politico-religieuses, on trouve, en effet, la détermination (1) de

---

(1) Voici les articles des lois de Manou s'y rapportant (Le nombre placé en tête de chaque article indique l'ordre de classement des « lois de Manou » dans l'édition française de M. G. Strehly).

14. — Pour la conservation de toute cette création, le Très Resplendissant Seigneur assigne des occupations distinctes aux êtres sortis de sa bouche, de ses bras, de ses cuisses et de ses pieds.

42. — Je vais vous dire maintenant quel est l'acte propre assigné ici-bas à chacune des créatures ainsi que leur classement d'après leur mode de naissance.

88. — Aux brahmanes (les êtres sortis de sa bouche), il assigne l'Enseignement de l'étude (du Véda), le droit de sacrifice et de diriger le sacrifice d'autrui, de donner et de recevoir des aumônes.

89. — Aux Kchatriyas (les êtres sortis de ses bras), il assigne la protection des peuples (le don des aumônes), le sacrifice, l'étude du Véda et le détachement des plaisirs sensuels.

90. — Aux Vaisyas (les êtres sortis de ses cuisses), il assigne la garde des troupeaux, le don des aumônes, le sacrifice, l'étude du Véda, le commerce, le prêt d'argent et l'agriculture.

91. — Mais le seul devoir que le Seigneur ait imposé aux Soudras (les êtres sortis de ses pieds), *c'est de servir humblement ces trois castes.*

102. — Pour déterminer les devoirs du brahmane et de ceux des autres castes suivant leur ordre, le sage Manou, issu de l'Être existant par lui-même, composa ce livre.

la valeur des hommes par classe, la désignation de leurs devoirs réciproques fondés sur la valeur personnelle attribuée, par la constitution, à tel individu ou, plutôt, à telle classe d'individus.

Aux castes mentionnées dans la note ci-dessous (lois de Manou), s'ajoute celle formée par les individus rejetés des autres, la caste des parias. *Ainsi cinq castes forment cinq modes généraux d'évaluation des valeurs personnelles.* Pas de désaccord au sujet du « façonnement », de l'appréciation et de l'emploi des valeurs personnelles, point de révolution sociale alors n'est à craindre. Aussi, la délimitation des privilèges, des droits et des devoirs est minutieusement faite (1) et toute infraction à cette scrupuleuse délimitation est sévèrement châtiée. Maintenue dans leur classe respective par une classe d'hommes enseignant le dogme,

---

(1) Il y a même dans le nom de l'individu l'empreinte de sa caste :

« Que la première partie du nom exprime, pour un Brahmane, une idée de faveur propice ; pour un Kchatriya, une idée de force ; pour un Vaisya, une idée de richesse ; pour un Soudra, une idée d'abaissement.

« Que la deuxième partie du nom exprime, pour un Brahmane une idée de félicité ; pour un Kchatriya, une idée de protection ; pour un Vaisya, une idée de prospérité ; pour un Soudra, une idée de servitude (G. Strehly).

« disposant de tout ce qui existe dans le monde (1) », et par une armée formée d'une seule caste, déjà toute-puissante par ses privilèges, les masses devaient vivre en paix pendant de longs siècles tant elles étaient étroitement contenues par la puissance intransigeante et formidable résultant de l'union intime de forces omnipotentes, la Religion et l'Armée.

Si ces quelques traits rappellent assez nettement l'un des gouvernements primitifs, on peut voir que celui dont Brahma fut le législateur dut s'établir en vue d'enrayer toutes les multiples complications sociales qui devaient se produire à l'époque où ce philosophe, « ce sociologue », pour donner à ses lois une indiscutable autorité, « se proclama Dieu ».

II

Bien que les constitutions rudimentaires des pays d'Europe aient été plus libérales que cette constitution

---

(1) « Tout ce qui existe dans le monde est la propriété du brahmane : *en effet, par l'excellence de son origine, il a le droit à tout.* » — (Lois de Manou, d'après M. G. Strehly).

politico-religieuse d'Asie, les Européens, on le sait, y furent également évalués par caste. Mais à mesure que l'instruction se répandit, que le bourgeois put se reconnaître égal ou supérieur au noble, que les nobles s'avouèrent égaux ou supérieurs à leur suzerain et qu'enfin le manant, lui-même, se rendit bien compte de toutes les causes de son infériorité, les hommes se pénétrèrent qu'ils pouvaient tous s'égaler : parce que, par le travail, l'intelligence, l'éducation et l'instruction, ils pouvaient (la généralité du moins) acquérir une valeur personnelle équivalente, et parce que, en réalité, ils étaient inférieurs, égaux ou supérieurs de par un *arbitraire constitutionnel* qui empêchait non seulement l'élévation du peuple, mais qui, par des privilèges illimités, distribuait la fortune, l'éducation, les fonctions et *donnait souvent cours forcé à de grandes non-valeurs personnelles.*

L'idée d'une réforme sociale s'imposa donc dans toutes les classes. Et des esprits d'élite entrevirent que la révolution qui s'ensuivrait serait d'autant plus violente et générale que la barrière séparant la Noblesse de la Roture était grande, que les Grands, eux-mêmes, étaient petits, et que les « Petits » aspiraient à devenir aussi grands que la conscience de leur force et que la justesse de leur cause. Les mémorables perturbations sociales de la Révolution française de quatre-vingt-neuf devaient justifier leur clairvoyance.

III

En même temps que l'instruction générale s'accroît, la question des valeurs personnelles se précise et s'impose au sujet de leur estimation, de leur emploi et de leur « mode de création » (Education). Plus cette instruction progresse, plus le socialisme aussi s'organise ; ainsi, l'on peut établir le degré de socialisme des peuples d'après le degré de leur instruction générale : l'Allemagne, qui est le pays où le degré d'instruction publique est supérieur à celui des autres nations, est, la contrée où le socialisme est le mieux organisé. *Mais, plus le degré de l'instruction s'élève, plus actuellement la question sociale se complique, parce que plus les hommes s'égalent dans le vieux cadre actuel de l'organisation sociale, plus ils ont à s'opposer entre eux pour faire valoir leur valeur personnelle.* Aussi doivent-ils anéantir ce cadre, ce carcan à l'aide duquel tant de privilégiés âpres au gain tiennent encore le monde en laisse. Fatalement, ils le briseront comme le poussin au vingt et unième jour de sa vie embryonnaire rompt instinctivement sa coque pour se mouvoir au large dans un monde nouveau.

On éprouve donc le pressant besoin de demander à la science sociale l'élaboration pratique d'un contrat social nouveau. Que ce que l'on entend actuellement par *socialisme* soit encore chaotique, peu importe au résultat final : aucune science naissante, surtout une science morale, n'est exempte d'erreur et de tâtonnements.

CHAPITRE II

De l'Humanisme.

Les congrès de 1900 ont montré au monde entier une des plus magnifiques floraisons d'idées généreuses. Que ce soit, par exemple, le congrès de la médecine, le congrès de l'éducation ou tel autre, ils avaient tous pour objet de présenter des moyens ou d'en chercher de nouveaux : l'un pour mieux guérir, l'autre pour mieux éduquer. Ils expriment donc *une aspiration générale à l'élévation du bien-être matériel et moral*, aspiration aussi vieille que le monde, c'est vrai, mais qui contient cependant quelque chose de nouveau ; à savoir que cette aspiration, qui ne fut autrefois qu'un sourd besoin individuel, est devenu *un besoin général dont la satisfaction exige l'organisation d'une constitution sociale nouvelle.* Si les idées premières qu'ils contiennent ne sont peut-être pas plus nouvelles que l'antique aspiration à la liberté, à l'amour et à l'équité, il n'en est pas de même des multiples combinaisons d'efforts organisés qu'ils offrent pour réaliser un autre organisme social, ou pour parfaire tout ce qui, selon l'équité, l'amour et la science, peut augmenter le bien-être matériel, le bien-être moral et élever l'idéal humain. *Humanisme* paraît être le terme propre à désigner, à la fois, l'état mental d'où part cette généreuse aspiration à l'élévation de l'homme et le nouvel état social qui doit en résulter.

Et cette dénomination semble d'autant plus juste que toutes les acceptions données au mot *Humanisme* renferment l'idée d'élévation de l'Humanité : l'une, philosophique, exprime la *déification de l'Humanité ;* l'autre, purement littéraire, *le culte des chefs-d'œuvre de l'Antiquité*, et la troisième, qui contient en partie l'idée de ces deux acceptions, énonce le but même de l'*Humanisme* en éducation littéraire (1). Huma-

____

(1) « Toute littérature, pour peu élevée qu'elle soit digne de

nisme (1), dans le sens qu'il a ici, ne doit donc exprimer que le « meilleur de l'humanité ».

L'humanisme est autant l'expression de l'idéal le plus élevé, le plus pur, qu'il est aussi l'expression du bon sens éclairé par la science. Il fait reposer les fondements de la vie sociale sur des bases tangibles, humaines, très humaines. Il aime le divin dans le domaine de l'infini de la pensée ; mais, quelque admiration qu'il ait pour les traditions, ses principes n'ont pas le caractère d'immuabilité des théocraties car l'humanisme est l'expression de la vie intégrale ; et, comme cette vie, comme l'univers, il est sans cesse en transformation. Ses fondements, l'éducation intégrale, l'art et la science sont à la société humaine ce que la richesse est au « bon riche. »

Mais, en vertu de quel principe ou de quelle doctrine l'humanisme peut-il élever l'homme aux sentiments et aux idées les plus grandioses ? — En vertu

ce nom, convient au but que poursuit l'Humanisme qui est de développer chez l'enfant et chez le jeune homme les sentiments élevés, les idées générales et l'exercer à l'exprimer. » — Gabriel COMPEYRE.

(1) *Humanisme intégral* est le titre d'un ouvrage de M. Léopold Lacour, qui fait de ce terme le synonyme de féminisme.

même de sa base positive qui est à l'idéal ce qu'un corps sain est à l'âme qu'il renferme.

On pourrait définir l'humanisme en s'inspirant d'un vers de Pope : *The proper science of mankind is man* (1) et dire, non sans quelque justesse : l'*Humanisme est la science naturelle qui a pour objet l'élévation tangible de l'homme.*

L'état social contraire, l'*antihumanisme*, se présente souvent sous l'aspect de l'humanisme. Pour masquer ses aspirations égoïstes, il vante très haut l'idéal et va ainsi très loin dans l'accaparement de la matière. Il est *renard* : la belle ordonnance de son langage est son moyen, mais la proie est son objet.

---

(1) La science qui convient à l'homme, c'est l'*homme*.

CHAPITRE III

L'Humanisme et les valeurs personnelles.

Tout dans la vie intégrale, prospérité, moralité, mœurs, etc., doit dépendre des valeurs personnelles ; de sorte que, ce qui influe sur des valeurs personnelles ou sur leur estimation se répercute dans le rayonnement de l'individu. On est amené à les voir comme étant les « mamelles de l'activité humaine, » les nourrices de tout progrès. Aussi, les gouvernements et les religions font la cour à l'élite de *ces nobles dames nourricières* et leur donnent, selon le but qu'ils poursuivent, l'abondance ou les honneurs, la proscrip-

10

tion ou l'échafaud. L'attention de l'éducateur humaniste se porte donc, d'une part, sur la conformation de
nos forces individuelles et sur leur orientation, et,
d'autre part, sur leur emploi et sur le travail, qui en
est la conséquence. D'où le besoin humaniste de
rendre intégrale, l'éducation, et. rationnelle, la mise
en valeur des valeurs personnelles.

CHAPITRE IV

Humanisme et antihumanisme : *un point d'Humanisme en éducation.*

L'antihumaniste Pierre à Paul, humaniste. —
« Humaniste », mon bel ami l'*intégraliste*, m'admet-
tez-vous par la transmission des qualités héréditaires ?

Paul. — Sans doute.

Pierre. — Alors, vous devez concevoir l'excellence
des résultats que l'on obtiendrait si l'on prenait autant
de soins pour l'espèce humaine que les éleveurs en

prennent pour les animaux. Eh bien ! il faut faire de l'*élevage hümain.*

PAUL. — ... de « l'élevage humain »... ?

PIERRE. — ... Oui, il faut donner de grands soins éducatifs à une catégorie de personnes issues de parents ou d'ancêtres dont la valeur est établie. Aidé par l'hérédité et l'atavisme, qui, avec le temps, transmettent et développent le levain des bonnes qualités ancestrales, on continuera le développement des facultés d'une classe de personnes très aptes à éduquer, à gouverner le peuple et à réaliser les grandes œuvres du monde.

PAUL. — Et vous appliqueriez à la race humaine la règle fondamentale de... l'élevage..., vous décideriez des unions par de savants praticiens... et, quand il faudrait refouler un refus d'alliance matrimoniale, vous iriez donc requérir la force publique...

PIERRE. — Soit ! et les résultats en seraient quand même supérieurs à ceux obtenus des mariages contractés sans distinction de rang et au hasard des rencontres...

PAUL. — Mais alors il faudrait pouvoir isoler *votre*

classe. Or, cela devient impossible, ne serait-ce qu'à cause de l'action des transformations économiques sur le monde moral. D'ailleurs, l'amour et le vice pénètrent partout ; ne sont-ils donc pas les courriers sûrs qui transportent les individus d'un rang à l'autre ?

Interrogez le passé, fouillez les annales des aristocraties développées selon vos principes, et voyez se produire leur dégénérescence progressive après leur ère de prospérité relativement très courte. L'amour du bien public, éclairé de l'histoire, réprouve le fondement de vos opinions.

PIERRE. — Le grand marieur serait donc l'affection vraie... l'amour... ?

PAUL. — Mon Dieu... oui... Mais il est à noter que l'éducation actuelle et la lutte pour la vie rendent encore les individus si disparates que tel mariage qui s'annonce heureux entre des personnes de classes différentes doit souvent aboutir à un conflit dont la violence les sépare à jamais d'une communauté d'existence...

PIERRE. — Qu'est-ce dire... ?

PAUL. — Qu'il faut éduquer intégralement tout le monde... *que tous puisent libéralement les principes de l'harmonie sociale à une source commune de morale, d'équité, de justice.* Ainsi, en élevant sans cesse la moyenne de la vigueur physique et mentale, on permet à tous, dès leur maturité, de se livrer sans heurts, agréablement et fraternellement, à des travaux les plus divers. Par cette éducation unique émanant des lois naturelles, par la rationnelle mise en valeur des valeurs personnelles qui en est la conséquence, il est possible à chaque individu de trouver facilement, dans le travail, l'harmonie de ses forces et de faire de lui-même une unité sociale de plus en plus parfaite. Cette unité sociale multipliée par le chiffre de la population de chaque peuple donne le nombre exprimant des millions de fois la répétition de cette *unité* et. par suite, le degré d'harmonie de cette immense agglomération d'individus qu'est le *Tout social.*

PIERRE. — Ah ! la belle théorie...

PAUL. — Admirable est la vôtre... ! Quoi ! prétendre qu'en donnant de père en fils une haute culture à une seule classe, on achemine l'humanité entière vers son maximum de perfection... ! Mais alors, autant vaut affirmer dogmatiquement que les soins rigoureux d'hygiène pris par une vingtaine de citadins sont suffisants pour préserver des épidémies toute une ville de cent mille âmes... !

Votre caste serait-elle supérieure à celle des brahmanes, que l'on ne saurait ainsi améliorer la race humaine entière, ni maintenir ce groupe de sacro-saints privilégiés dans une constante haute culture. À notre époque d'incessantes transformations économiques, vouloir isoler ces privilégiés, vouloir les mettre hors d'atteinte des émanations de la fermentation morale du peuple, est tout autant impossible que de nous préserver du continuel et involontaire contact que nous avons avec nos concitoyens par l'air aspiré dans cette atmosphère commune où leurs milliers de poitrines exhalent sans cesse leurs impuretés.

Il en est, voyez-vous, de la culture générale comme il en est de l'hygiène publique. L'on peut même affirmer que l'éducation générale est une question d'hygiène et de santé publique...

Pierre. — Alors, dans l'avenir que vous prévoyez, il n'y aurait plus de castes...?

PAUL. — Non, car les causes qui les ont engendrées auront disparu ou, du moins, seront trop faibles pour constituer une puissance.

PIERRE. — Et leur provenance... s'il vous plaît?

PAUL. — De la subordination de l'intérêt général à l'intérêt de quelques particuliers, de...

PIERRE. — Croiriez-vous donc que l'intérêt cessera d'engendrer ces mêmes causes... ?

PAUL. — Oui, sans doute, puisque les nouveaux groupements sociaux deviennent de plus en plus l'œuvre de l'intérêt général... Et quand, à la suite de grands progrès, la nouvelle organisation sociale, vraie incarnation de l'intérêt général, donnera à chaque individu « le nécessaire pour vivre et le nécessaire pour produire, » plus des trois quarts du peuple seront satisfaits. Quant aux quelques privilégiés mécontents de ce nouvel état social, ils pourront, du moins, se réjouir des résultats du développement de l'intérêt général, qui, supprimant sans cesse le besoin de vol, le besoin de prostitution et la violence de l'égoïsme, doivent fatalement empêcher la conception de la plupart des meurtres ou des délits dont ils sont souvent les victimes.

PIERRE. — Prodigieux que l'esprit de corps de vos principes ! C'est la populace régentant l'élite ; c'est l'extinction des foyers du génie par la supériorité numérique ; c'est le nivellement à outrance, le tout uniforme, la sainte alliance des médiocrités étouffant le génie lui-même !

PAUL. — Tout beau ! monsieur l'antihumaniste. Elever par l'éducation intégrale tous les esprits à la compréhension des devoirs et des droits universels, n'est ni les niveler à outrance,ni les costumer de l'uniformité. Et les génies, « ces agités de l'intelligence », au lieu d'entraves, trouveront dans l'admiration des foules, alors épurées, un plus libre enthousiasme réfléchi qui poussera plus loin encore l'exaltation de leurs forces créatrices vers le point de science ou d'idéal qu'ils contemplent et qu'ils veulent montrer au monde.

PIERRE. — C'est leur « moi amusant » qu'ils veulent exhiber...... D'ailleurs, l'éducation intégrale s'imposerait-elle au bon sens que l'application m'en semble reléguée au lointain de l'avenir......

PAUL. — Et qu'importe ! Déjà, ce lointain est beau ; *c'est s'élever que de le contempler.*

CHAPITRE V

De l'Humanisme dans les relations internationales. — A l'orée
de l'Humanisme.

Comme l'homme, ce chiffre, qui se multiplie tant
de millions de fois et devient ainsi les innombrables
atomes de l'humanité, l'humanité, ce gigantesque individu numérique de l'Univers, doit aussi avoir son
enfance, sa jeunesse et sa vieillesse.

Et, le « bourgeonnement » actuel de l'humanisme
semble être le prélude de la jeunesse de l'humanité.
A cette heure, où l'on a le souci d'un amour social

plus ardent, l'équité parle. Déjà, les scènes des meurtres religieux de l'Inquisition, les apparitions sanglantes de la terreur et les noyades de prêtres, ne hantent plus l'imagination. Depuis un demi-siècle, l'activité déployée par la femme, en vue de son développement intégral, a rendu son pouvoir social si puissant que le *mouvement féministe actuel demeure aussi l'indice d'une orientation nouvelle*. Il ne se borne plus à réclamer les droits de la femme, il revendique les devoirs et les droits de l'humanité entière : il devient humaniste. Avec ce mieux moral et le progrès matériel toujours croissant, on se sent si bien entraîné vers une transformation sociale universelle que l'on croit entrevoir la fin prochaine de l'enfance du monde.

Ce qui renforce cette conjecture, ce sont ces récentes et grandioses manifestations faites de peuple à peuple en faveur de la paix. On a déjà des résultats heureux : d'une part, on voit la France et l'Angleterre, les deux irréconciliables ennemies ; la France et l'Italie ; la France et les Pays-Bas ; la France et l'Espagne ; et, d'autre part, l'Angleterre et l'Italie conclure des traités d'arbitrage. Un autre fait sans précédent, l'embryon, sans doute, d'une conception politique nouvelle, montre encore que le bon vouloir des nations est dirigé

vers une entente cordiale universelle : c'est l'échange
de visite inter-parlementaire entre le Parlement français et le Parlement anglais, qui, de part et d'autre, a
créé dans la Représentation nationale même et dans
les hautes sphères commerciales et industrielles, là précisément où les grands intérêts engendrent les grands
conflits, un mouvement d'opinions mûrement réflé-
chies et conséquemment un mouvement social des
plus actifs en faveur de la paix.

Avec le fonctionnement de la Cour permanente
d'arbitrage international, voilà des faits que l'Histoire
classera, peut-être, parmi les préludes d'une ère nouvelle.

Et en présence des préparatifs formidables de la
guerre, il y a quand même l'Armée de la Paix qui se
lève. L'âme de la Fraternité universelle a point dans
le sourire « auroral » du Président de la Démocratie
française ; elle a pénétré ces foules de Paris, de Saint-
Pétersbourg, de Copenhague, d'Afrique, de Londres.
Et, à leur tour, les multitudes romaines de la vieille
capitale du monde ont acclamé la Fraternité en
adressant leurs vivats à celui qui incarnait si bien la
France puissante et pacifique.

Et, la première pierre de ce monument que l'on va

édifier à La Haye, apparaît comme le roc sur lequel le Génie de la Paix, cet autre saint Pierre, va bâtir son Temple, élever l'autel des Patries où les gouvernements célébreront la sanctification de la Fraternité des peuples.

Certes, il n'est point nécessaire d'être grand *ausculteur* des foules pour découvrir l'humanisme parmi d'autres phénomènes sociaux. En le trouvant dans le socialisme, dans le féminisme et dans le « mouvement anarchiste » même, on est encore conduit à voir dans cette effervescence humanitaire, où toutes les énergies s'entre-choquent, des forces humanistes qui se cherchent pour s'unir et pour former une puissance homogène capable de réaliser l'humanisme.

Ainsi, on voit les humanistes se chercher et s'unir, presque inconsciemment, en vue de la création de l'une de ces puissantes forces sociales que les sociétés constituent à l'aide des partis politiques.

CHAPITRE VI

Deux grands partis. — Le parti humaniste.

L'expérience montre que la recherche de la solution pratique de la plupart des grandes questions sociales débute par la formation de l'un de ces groupements d'individus que l'on rencontre dans la vie des peuples, où ils apparaissent comme les points culminants de l'activité humaine.

Si l'on contemple l'humanisme dans ses principes, dans sa marche et dans ses conséquences, on l'assimile à ces causes nationales d'où sont nés les partis politiques et religieux. Soumis aux mêmes lois que ces grands mouvements d'intérêt, l'humanisme doit fatalement engendrer un grand parti. Au point de vue de l'éducation, les deux courants d'opinion précédemment mis en évidence dans le dialogue entre *Pierre et Paul* semblent nous conduire vers un avenir où l'on trouve deux universels partis politiques : *le parti humaniste et le parti antihumaniste.*

Si, actuellement, on juge du premier par le courant humaniste et du second par le courant antihumaniste, on note que la presque totalité des femmes, et les hommes, en majorité, s'intéressent à l'un, et, qu'au point de vue numérique, ses partisans sont à peu près à ceux de l'autre comme 4 est à 1.

Répondant aux besoins actuels de plus des trois quarts des individus, basé comme il est sur les lois naturelles, l'amour et l'équité, l'humanisme doit fatalement triompher. Mais pourquoi donc ses partisans, supérieurs par le nombre et par leurs sentiments fraternels, se trouvent-ils encore assujettis aux antihumanistes, eux qui sont à peine représentés par le quart ? C'est que, malgré tous les progrès de la Démocratie, les « Humanistes » manquent d'organisation ; tandis que leurs adversaires règnent encore dans l'actuel Édifice social, si vénérable par les ans, si puissant par la force des traditions et des préjugés. Néanmoins, si grands que soient encore et le prestige de ces hommes, et la « force » de ces *choses*, on se lasse de les affectionner comme on cesse de croire à l'injuste, à l'absurde.

Aussi, tandis que les grands partis politiques s'éteignent avec la cause d'où ils naquirent, le parti humaniste, né de la loi éternelle d'amour, restera impérissable. N'appartenant ni à la politique locale, ni au nationalisme ; demeurant universel malgré ses questions de droit qui varient selon les mœurs de chaque pays, il marchera, comme l'amour, à la conquête de la Justice équitable, du bien-être et du Devoir pour l'humanité entière.

Quant au rôle social de ces deux partis universels, *le parti humaniste et le parti antihumaniste*, il sera, sans doute, aux peuples ce qu'est aux nations le rôle de leurs « notables partis politiques ». De même qu'ils sont les « mâles » qui engendrent, qui éduquent ou qui déchirent les patries, de même des luttes d'amour et d'accouplement de ces nouveaux *Whigs et Torries* avec l'équité et le vrai savoir peuvent naître l'unité, la paix et le bonheur du monde.

CHAPITRE VII

Sur la formation du parti humaniste. — Du pouvoir de la femme dans la formation laborieuse de ce parti. — Des grands éducateurs.

Des faits retentissants préludent à l'humanisme. Cependant, si l'on ignorait à quelles difficultés on se heurte pour réaliser les projets judicieux les plus mûrs, non seulement, on pourrait concevoir qu'il est facile à constituer *le parti humaniste*, mais on croirait aussi que quelques efforts soutenus suffisent pour parfaire en peu de temps l'organisation d'une œuvre et la fondation même d'une institution sociale.

La formation rapide du parti humaniste doit être considérée comme une tâche d'autant plus difficile que l'œuvre de fondateur est à la fois pénible et effacée : pénible parce qu'on ne saurait réussir qu'à la suite d'une immense somme de labeur et de persévérance, effacée parce que ses créateurs doivent rester long-temps les ouvriers anonymes exposés aux échecs, sans être toutefois l'objet de ces enthousiasmes de foule et de Presse qui actionnent et amplifient les personnalités politiques. Mais, quand on examine le caractère de la puissance sociale de la femme et le pouvoir que, depuis un demi-siècle, son vouloir a conquis sur les pouvoirs publics, on augure que, si les hommes enviaient peu une scène encore obscure, les femmes, elles qui ont de grands besoins humanitaires et qui commencent à savoir organiser leur force collective, peuvent développer le rôle actif et puissant qu'elles ont toujours joué dans l'austère obscurité de la charité véritable.

Ce n'est pas en vain, que d'admirables bienfaiteurs se sont donnés à l'humanité en ne voyant poindre leur suprême bonheur qu'à travers le travail et la souffrance. C'est grâce à eux, ces vrais citoyens du monde, illustres ou inconnus — disons aussi grâce aux grandes citoyennes car là où il y a un grand homme, il y a aussi une noble femme — que l'on fait de notables améliorations sociales et que l'on marche vers l'humanisme. Ce sont eux les ouvriers, eux les savants, eux les artistes de la civilisation, qui, souvent dépourvus du nécessaire pour vivre, trouvent le nécessaire pour produire dans l'amour du beau, dans la vérité, dans le sublime de la souffrance. Avec l'idéal pour esquif, ils s'abandonnent aux flots tempétueux de la vie pour découvrir de nouveaux horizons à l'intelligence. Par leurs œuvres, les uns provoquent la transformation économique du monde, et les autres, sa transformation morale et intellectuelle. Ils ne s'éloignent pas du peuple comme ces ardents contemplateurs du coin de ciel où ne scintillent pour eux que leur progéniture, leur dogme et leur « moi étoilé ». Ils savent vivre parmi les foules pour en pénétrer le cœur et travailler à leur bonheur véritable ; ils bravent les périls comme des marins fougueux ; ils aiment à disputer leur vie aux flots tempétueux des multitudes.

Salut donc ! éducateurs magnanimes, ô vous, toujours au travail, courant le danger, fuyant les honneurs. Grâce à vous, chez tous les peuples, s'opère une transformation universelle annonçant l'élévation tangible de l'homme.

11*

CHAPITRE VIII

D'une révolution sociale humaniste et la femme. Quelques résultats politiques du pouvoir et du vouloir de la femme, ou simple donnée sur ce que la femme peut socialement quand elle veut.

Toute révolution sociale exige de nombreux partisans et des voies politiques, qui, sous le nom de partis, caractérisent les annales de la combativité des peuples.

Quand on songe à la révolution sociale équitable qu'il faut accomplir dans les cerveaux, on conçoit que, pour la préparer, on doit travailler ardemment à la formation du parti humaniste afin d'unir et de coordonner les énergies humanitaires et de les faire ensuite coopérer harmonieusement à l'œuvre de l'humanisme. Or, la femme est l'élément indispensable à l'accomplissement d'une efficace révolution (1). *Des actes montrent qu'elle est actuellement cet élément révolutionnaire pacifique.* Parmi les signes d'un vouloir très manifeste publiquement tendu vers le bien social, l'humanisme, on remarque, en effet, depuis un demi-siècle, un mouvement révolutionnaire, *le mouvement féministe,* dont l'accroissement de sa puissance l'élève au rang des grands partis politiques. On n'exagère point en affirmant la puissance sociale croissante de la femme car de nombreux faits d'ordre privé et d'ordre politique la confirment.

Ces faits d'ordre privé sont certes plus nombreux et même plus importants, à certains points de vue, que ceux d'ordre politique; mais, comme il n'y a guère que ceux-ci qui montrent l'« action sociale organisée de la femme », son acheminement vers la révolution sociale, ce sont donc ces faits, et quelle que soit leur valeur intrinsèque, qu'il importe de rappeler (2).

---

(1) Livre I, S. IV, chapitres ii, iii et iv.
(2) Les lecteurs qui auraient intérêt à connaître l'historique

Les voici, d'après l'ouvrage de M. Louis Frank, *Essai sur la condition politique de la femme* (1).

Suffrage administratif. — Les faits contemporains, dit-il, nous montrent les femmes en possession du suffrage administratif, en Angleterre, en Australasie (colonies d'Australie méridionale), Australie occidentale, Nouvelle-Galles-du-Sud, Nouvelle-Zélande, Queensland, Tasmanie, Victoria) ; en Autriche (provinces de Basse-Autriche, Bohême, Bukowine, Carinthie, Carniole, Dalmatie, Galicie, Goritz, Haute-Autriche, Littoral, Moravie, Silésie, Styrie, Tyrol, Voralberg) ; dans le canton de Berne ; dans les communes rurales de Brunswick ; au Canada (provinces de Colombie Britannique, Ile-du-Prince-Edouard, Manitoba, Nouveau-Brunswick, Nouvelle-Ecosse, Ontario, Québec) ; dans la colonie du Cap ; en Croatie ; en Ecosse ; en Finlande ; à Guernesey ; en Hongrie ; en Islande ; au Kansas ; dans le Montana ; en Prusse (dans les communes rurales des provinces de Brandebourg, Poméranie, Posmanie, Prusse propre, Saxe prussienne, Silésie) ; en Russie

---

de ces réformes ne sauraient consulter de meilleur ouvrage que l'*Essai* de M. FRANK.

(1) Chez Rousseau, éditeur, Paris, 1892.

et chez les Slaves méridionaux ; dans les communes rurales de Saxe, du Schleswig-Holstein et de la Wesphalie en Suède ; au Wyoming.

Suffrage parlementaire. — Dès aujourd'hui le suffrage parlementaire appartient aux femmes dans le Wyoming, dans la Nouvelle-Écosse, dans l'île de Man (Grande-Bretagne), dans quinze provinces de l'Autriche ; au Chili ; dans la République de l'Équateur.

Élections municipales. — Depuis 1869, en Angleterre les femmes votent en matière municipale.

Université. — Depuis 1863, les Facultés françaises sont ouvertes aux femmes. En Belgique, depuis la loi du 20 mai 1876 et du 10 avril 1890, les femmes peuvent suivre les cours des Facultés, y faire toutes les études supérieures, y conquérir tous les diplômes. L'exercice des professions de médecin et de pharmacien leur est concédé.

En Angleterre et en Irlande, les Facultés sont ouvertes aux femmes.

Au Canada, en Irlande et en Suède, les Universités sont ouvertes aux femmes. A Toronto (Canada), une école de médecine pour les femmes a été ouverte en 1883.

En Italie, le règlement du 8 octobre 1870 permet dans son article 8 l'inscription des femmes comme étudiantes.

Les lois norvégiennes, du 14 juin 1884, autorisent les femmes à suivre le cours de l'Université, à passer les examens, à conquérir les grades et à obtenir les bourses sous les mêmes conditions et au même titre que les jeunes gens.

Fonctions publiques. — Dans l'Alabama et dans l'Ohio, les femmes sont admises aux fonctions de notaire public.

En Californie, la constitution en vigueur depuis le 1er janvier 1880, proclame que toute personne quel que soit son sexe aura le droit de poursuivre toute occupation légale et que toute profession lui sera accessible.

Au Kansas, en vertu de la loi du 15 février 1887, les femmes sont éligibles à toutes les fonctions municipales.

« La Constitution nouvelle du Wyoming a établi l'égalité absolue des sexes ». Elle reconnaît à tous citoyens sans distinction de sexe le droit d'occuper, dans l'Etat, toutes les fonctions publiques. Dans une disposition formelle, elle proclame que tous les citoyens du Wyoming, hommes et femmes, jouiront d'une manière égale des droits et privilèges civils, politiques et religieux.

Depuis 1862, des femmes ont été admises dans les bureaux des ministères à Washington. Actuellement de fort nombreuses femmes remplissent l'office de commis dans les départements des Postes, du Trésor, de la Guerre, de la Marine, des Brevets et des Pensions.

La plupart des gouvernements ont autorisé l'admission des femmes dans le service des postes et télégraphes.

Création en France de l'emploi d'inspectrice des écoles. — En 1887, on compte, en France, 21 200 femmes attachées aux diverses compagnies de chemin de fer.

Trois Etats de l'Union américaine, le Massachusets, le Rhode-Island et l'Etat de New-York ont introduit une innovation curieuse et vraiment originale. Ils ont institué il y a peu de temps, les fonctions de « Police Matron » femmes chargées d'un service spécial.

Les jurys mixtes, composés d'hommes et de femmes, fonctionnent dans l'Etat de Wyoming, depuis 1869.

Aux Etats-Unis, depuis 1869, on admet les femmes avocats. Vingt-trois Etats de l'Union et le district de Colombie ont autorisé les femmes à exercer la plaidoirie.

Assistance publique. — Les femmes anglaises prennent part à l'élection des administrateurs de la Bienfaisance officielle et elles sont éligibles à ces fonctions. A l'heure présente (1892) 73 sont administrateurs de l'Assistance publique anglaise. Dans les Etats de l'Union américaine qui possèdent des institutions hospitalières officielles, plusieurs accordent à la femme une part d'intervention dans l'administration de l'Assistance publique. En Suède, depuis 1889, les femmes aussi ont le droit d'éligibilité aux fonctions de membres des conseils d'administration communale de l'Assistance publique. — La loi italienne sur les œuvres pies a reconnu récemment aux femmes le droit de participer à l'administration de la bienfaisance publique.

Écoles. — Création, en France, des lycées et collèges de jeunes filles (lois de 1880 et de 1881), création d'une École Normale destinée à la formation des professeurs femmes pour les écoles secondaires de jeunes filles.

À cet extrait de l'ouvrage de M. Frank, ajoutons que, en France, l'exercice de la profession de médecin et de pharmacien est accordé aux femmes. Le droit de témoigner est reconnu en Russie, en Italie, et, maintenant, en France. Enfin, dans notre pays, elles viennent d'être admises à plaider (1) : cette récente conquête est encore due *à un vouloir d'élite*, à une jeune fille, Mlle *Chauvin* (2).

Déjà acceptées par l'opinion publique, toutes ces

____

(1) Loi du 4 décembre 1900 ; elle permet aux femmes munies du diplôme de licencié en droit de prêter le serment d'avocat et d'exercer cette profession.
(2) Inscrite avocat au barreau de Paris.

réformes devaient être fatalement enregistrées par les pouvoirs publics. Quiconque envisage attentivement ces quelques conquêtes féminines reconnaît que *la femme s'achemine vers une humanité nouvelle* ; il a, en outre, une donnée sur CE QUE LA FEMME PEUT SOCIALEMENT QUAND ELLE VEUT et une idée de sa puissance probable dans le parti humaniste.

Ainsi, depuis le XIXe siècle, la femme marche résolument vers une révolution sociale. Si l'on envisage la totalité de la puissance qu'elle a dans la famille, dans la société et dans l'éducation, et que l'on contemple sa force (force humaniste, on peut dire) toujours croissante dans le mouvement féministe, l'on pourra reconnaître que par la puissance collective qu'elle est susceptible d'acquérir, elle arrivera à constituer en un corps social les innombrables volontés féminines éparses. Aussi, est-il permis de prévoir que de même qu'elle a été l'âme du *parti abolitioniste* (1), de même

---

(1) « Dès 1833, les femmes américaines constituent les premières *ligues abolitionistes*. Le mouvement abolitioniste et le mouvement féminin deviennent, dès 1840, parallèles et connexes : une communauté d'actions et d'efforts, une identité de but et d'arguments les rapprochent. » Louis FRANK, « *Essai su la condition politique de la femme.*

la femme est appelée à devenir, à la fois, *l'inspiratrice et l'ouvrière du parti humaniste*, ce futur grand éducateur politique, économique et « poétique » qui contribuera à faire, d'abord dans les cerveaux, la véritable révolution sociale.

II

UNE FEMME NOUVELLE VINT.....

Encore à notre époque, la femme est formée d'après des principes particuliers se rapportant trop à l'éducation d'un être imaginaire, pour qu'ils ne faussent pas la vie sociale rationnelle, et trop à l'éducation de la servitude pour qu'ils soient les équitables principes du développement humain. Les uns rendent la vie artificielle, les autres animale. L'esprit de la société se complaît encore à vouloir en elle une âme et un joujou : c'est « aimer Dieu et le diable ». Aussi, trouve-t-on des femmes « anges et démons », comme le disent ou le sous-entendent et les parlers populaires, et les littératures.

Mais si, à pas de siècles, on pouvait s'éloigner dans l'avenir et de là contempler les générations antérieures, peut-être qu'en fixant un point de ce passé, on s'écrierait : « De l'éducation supérieure donnée à la femme, puis enfin de l'éducation intégrale, UNE FEMME NOUVELLE VINT ».

Elle fut *mâle* : sa science fut la science pratique de la vie sociale.

Elle fut *politique* : elle s'adonna à l'*interprétation de la vie*, où amante et mère elle doit éveiller le génie autant par l'esthétique de son maintien que par sa beauté ou que par l'élévation de son esprit. Elle fit de « l'humanisme », politique de l'humanité, *la politique de la femme*.

Elle fut *économiste* : elle révolutionna l'économie domestique, base si importante de l'économie sociale. de la morale même et de l'hygiène ; de sorte que l'économie domestique, source commune de tant de maux, engendra d'innombrables améliorations.

Elle fut *artiste* : elle voulut de beaux enfants, et donna à sa maison, comme à sa personne, les attraits de la beauté.

Et... « elle demeura *femme*. »

Ainsi, à une époque de l'histoire future, la femme apparaîtra peut-être dans le passé comme une Vénus sur son piédestal, qui, d'abord passive inspiratrice, s'animerait, s'arracherait de son support, et puis, désormais libre, irait parmi les foules répandre l'art de la vie intégrale.

C'est alors que surgirait « la Révolution sociale pacifique » : d'où, l'HUMANITÉ NOUVELLE.

POSTFACE

Les problèmes sociaux sont d'une nature telle qu'ils ne peuvent être ni bien formulés, ni résolus qu'autant que la plupart des hommes s'y intéressent. Aussi, « la présente indication », toute simple qu'elle est, sera de quelque utilité si elle fait penser, si elle provoque ainsi des actes qui puissent aider la société à s'acheminer plus rapidement vers les Temps d'Equité générale, disons VERS LES TEMPS NOUVEAUX.

FIN

INDEX DES PRINCIPAUX NOMS CITÉS

12*

TABLE DES MATIÈRES

LIVRE I

VERS L'ÉDUCATION INTÉGRALE
LA PUISSANCE MORALE ET SOCIALE
DE LA FEMME
DE L'AUGMENTATION DU POUVOIR
MORAL ET SOCIAL DE LA FEMME

I

MOT PRÉLIMINAIRE

CHAPITRE PREMIER

CHAPITRE IV

La question de l'éducation sociale est à l'ordre du jour.

CHAPITRE V

L'éducation sociale et l'éducation intégrale.

CHAPITRE VI

Mais pourquoi l'éducation intégrale.

II

DU PROBLÈME DE L'ÉDUCATION INTÉGRALE

CHAPITRE PREMIER

CHAPITRE II

CHAPITRE III

III

PRINCIPES DE QUELQUES QUESTIONS A CONSIDÉRER EN VUE DE PRÉPARER L'ACHEMINEMENT DE LA SOCIÉTÉ VERS L'ÉDUCATION INTÉGRALE

CHAPITRE UNIQUE

IV

VERS LA RECHERCHE DES MOYENS SUSCEPTIBLES D'AIDER LA SOCIÉTÉ DANS SON ACHÉMINEMENT VERS L'ÉDUCATION INTÉGRALE

PREMIÈRE PARTIE

CHAPITRE PREMIER

CHAPITRE II

CHAPITRE III

CHAPITRE IV

DEUXIÈME PARTIE

De l'augmentation du pouvoir social de la femme.

I

DE L'AUGMENTATION DU POUVOIR SOCIAL DE LA FEMME, PAR L'ÉDUCATION

CHAPITRE V

CHAPITRE VI

CHAPITRE VII

II

DE L'AUGMENTATION DU POUVOIR SOCIAL DE LA FEMME PAR LA MISE EN VALEUR DE SA VALEUR PERSONNELLE

CHAPITRE VIII

CHAPITRE IX

LIVRE II

VERS L'HUMANITÉ NOUVELLE

I

VERS UN CONTRAT SOCIAL NOUVEAU. —
« L'HUMANISME ». — L'HUMANISME ET LA FEMME
SIMPLE DONNÉE SUR CE QUE LA FEMME
PEUT SOCIALEMENT QUAND ELLE VEUT

CHAPITRE PREMIER

Vers un contrat social nouveau.

CHAPITRE II

De l'« Humanisme ».

CHAPITRE III

L'Humanisme et les valeurs personnelles .

CHAPITRE IV

Humanisme et antihumanisme.

CHAPITRE V

De l'Humanisme dans les relations internationales. A l'orée de l'Humanisme.

CHAPITRE VI

Deux grands partis. Le parti humaniste.

CHAPITRE VII

Sur la formation du parti humaniste.

CHAPITRE VIII

D'une révolution sociale humaniste et la femme.

II

UNE FEMME NOUVELLE VINT...

www.ingramcontent.com/pod-product-compliance
Lightning Source LLC
LaVergne TN
LVHW020122060726
842526LV00004B/1227